HISTOIRE DES AMOVRS DV GRAND ALCANDRE.

EN LAQVELLE SOVS DES NOMS empruntez, se lisent les aduantures amoureuses d'vn grand Prince du dernier Siecle.

AV LECTEVR.

LECTEVR. Les curieux qui ont eu connoissance de l'Histoire, que nous donnons au public, se sont fort tourmentez à deuiner qui en pouuoit estre l'Auteur. Ie ne doute nullement qu'il n'ait eu grande part aux intrigues qu'il a si naiuement décrites, & d'vn style si coulant & si succinct. L'opinion comme l'a attribuée à la feuë Princesse de Conty. Quoy qu'elle eust vn esprit fort adroit & vn langage tres poly, i'ay de la peine à me le persuader, dautant qu'en quelques endroits on y a glissé des choses qui ne luy sont pas auantageuses. Pour la bien entendre il faudroit auoir long-temps consulté les plus vieux de nos Courtisans, qui ont vescu en ce temps là. Afin d'esclaircir quelques obscuritez qui s'y rencontrent à l'esgard de ceux qui ne sont pas sçauans dans les matieres qui y sont traitées, nous y auons adiousté des Annotations prises des meilleures Histoires ou autres pieces, qui ont esté mises en lumiere depuis 50. ou 60. ans. Les personnes qu'on n'a pû connoistre, & les choses qu'on n'a sçeu penetrer, ont esté laissées en blanc pour exercer ta curiosité. Si tu en as appris quelques particula-

ritez dans la conuersation, ou par la lecture, fais en part à l'Imprimeur, qui ne manquera pas d'en remplir vne seconde Edition, en te rendant la loüange qui t'est deuë pour auoir enrichy son trauail. Ce qu'il y a de plus clair & de plus necessaire pour l'intelligence de cet Ouurage, c'est vne Clef ou vne explication fort exacte des noms empruntez, des personnes qui y sont representées, laquelle a esté tirée des plus renommez & plus fidelles Historiens & Genealogistes, & composée par ordre Alphabetique, pour t'instruire entierement du secret de cette piece. Si on auoit eu plus de loisir on y eust apporté plus d'esclaircissement, & on espere de ton equité que tu pardonneras aisément les defauts que tu pourras y remarquer. Adieu.

DE PAR SON ALTESSE Royale.

AVIOVRD'HVY deuxiesme du mois de Decembre 1651. Monseigneur Fils de France, Oncle du Roy, Duc d'Orleans, estant à Paris, voulant fauorablement traitter la Vefue I. GVILLEMOT; apres auoir esté particulierement informé de sa capacité, & des soins qu'elle prend de faire fidellement & correctement imprimer les Pieces, Ouurages & Relations qui luy sont enuoyées pour son seruice. Son Altesse Royalle luy a permis de porter la qualité de son Imprimeuse ordinaire. Veut & ordonne qu'elle soit employée dans les Estats des Officiers de sa Maison, & qu'elle jouisse des Honneurs, Priuileges, Franchises, Libertez & Droicts que ses autres Domestiques. Faisant son Altesse Royale defenses à tous Imprimeurs & autres, d'imprimer ou contrefaire & mettre au jour, sous quelque pretexte que ce puisse estre, les Relations, Pieces & autres Ouurages d'Imprimerie, qu'elle fait ou pourra faire à l'aduenir pour le seruice & par l'ordre de Son Altesse Royalle, qui a pour témoignage de cette sienne volonté signé le present Breuet, & commandé estre contresigné par moy son Conseiller & Secretaire de ses Commandemens, Maison & Finances.

Signé, GASTON.

Et plus bas,

DE FROMONT.

HISTOIRE DES AMOVRS DV GRAND ALCANDRE.

LE grand Alcandre venu à son tour à la succession du Royaume de ses Anceſtres, ne trouua pas peu de difficulté à s'en mettre en poſſeſſion, tant parce qu'il eſtoit de la nouuelle Religion, que pour la reſiſtance qu'il rencontra en pluſieurs des plus grands de ſes ſujets, qui ne le vouloient pas reconnoiſtre. La pluſpart des grandes villes tenoient leur party, ſi bien que ce fut à luy de trauailler à bon eſcient pour vn intereſt ſi illuſtre. Les premieres armes qu'il entreprit furent en Neuſtrie. Ce qui ſe paſſa à Serquas & à Pedipe, eſtant eſcrit par tous les Hiſtoriens du temps, ie me contenteray de rapporter icy ce que i'ay appris & leu s'eſtre paſſé dans ſa Cour. Ie diray donc qu'eſtant venu trouuer le Roy ſon predeceſſeur, il y auoit dans la Vigenne vne Comteſſe, dont il eſtoit tres-amoureux, & qui auoit acquis beaucoup d'empire ſur ſes volontez. Il aymoit tous ceux qu'elle luy auoit recommandez, & entr'autres Philemon, qui auoit ſa ſœur aupres de cette Dame. Se promenant prés des frontieres de la Neuſtrie, il paſſa par la maiſon d'vne Dame vefue & qui tenoit grand rang : Elle eſtoit encore ieune, & parut ſi belle aux yeux de ce grand Roy, qu'il oublia aiſément celle à qui il auoit fait tant de protestations contraires. Aussi veritablement celle-cy auoit des appas qui ne se rencontroient pas en la premiere; toutes deux estoient de condition égale, mais Scilinde (c'est le nom de la derniere) auoit esté nourrie dans la Cour la plus belle & la plus polie de ce temps-là, c'estoit celle de Periandre, le Prince du monde qui sçauoit mieux faire le Roy, & qui sçauoit mieux regler les honneurs & toutes les choses qui appartiennent à la Royauté.

Ce nouueau Conquerant, qui seruoit à toute heure de conqueste à l'amour, se donna entierement à Scilinde & oublia de telle sorte Corisande, qu'il ne luy estoit resté que la seule memoire de son nom. Philemon ne pût faire autre chose que luy dire qu'il luy deuoit au moins conseruer de l'amitié, ce qu'il a fait toute sa vie. Son affection le porta si auant qu'il parla du mariage de Scilinde, voyant qu'elle ne le vouloit point escouter autrement.

Estant en cét estat il fit plusieurs progrez sur les ennemis, qui finalemẽt par leurs bons succez luy firent entreprendre le siege de la grand'Ville de Lutecie, qui dura assez pour luy faire voir vne belle & ieune Abbesse du Mont de Mars, qui luy fit oublier & Corisande & Scilinde pour se donner à cette nouuelle beauté.

N'ayant pas reüssi à l'entreprise de Lutecie, il tira sa Maistresse du Mont de Mars, & l'ayant fait conduire à Elise, ville de son obeïssance, elle demeura maistresse de son cœur pour vn peu de temps; cependant il pratiqua le mariage de Scilinde auec vn illustre Cheualier qui auoit grande charge en la Cour, & luy escriuit en faueur de ce nouuel amant, comme peu auant il auoit fait par luy mesme.

Cette vertueuse Dame qui l'auoit escouté sans rien hazarder qui luy pût estre honteux, accorda bien-tost ce mariage, demeurant en fort bonne estime aupres d'Alcandre; ce qu'il luy témoigna, comme ie diray en son lieu. Nostre grand Roy allant par tout establir son autorité, vint enfin en la ville de Tiane, où toutes les Dames de la Prouince s'estoient retirées, & faisoient vne espece de Cour. Il prit tres-grand plaisir à voir cette belle cõpagnie de Dames & de Filles de qualité, qu'il auoit cogneuës, les vnes à la Cour des Rois ses predecesseurs, & les autres dans la sienne, ayant eu à son seruice les maris ou les freres, n'estant que

que Prince de la Couronne. Il les traitta toutes auec tres-grande ciuilité, & receut aussi de leur part tout le respect qu'il luy estoit deu.

Vn peu auparauant qu'il arriuast à Tiane, vn ieune Seigneur qui auoit esté fauory du feu Roy, & qu'il estimoit fort, luy auoit parlé de la beauté d'vne fille, dont il estoit extremément amoureux ; & comme elle estoit admirablement belle, il ne pouuoit s'empescher de la loüer : elle n'estoit pas alors à Tiane, & il fit naistre au Roy la curiosité de la voir. Ses affaires pourtant ne luy permirent pas pour l'heure, & il partit pour Elise, où ayant trouué la belle Abbesse du Mont de Mars, l'enuie qu'il auoit euë de voir Crisante (tel estoit le nom de la Maistresse de Florian) luy passa pour cette fois: il fit à Elise toutes les galāteries dont le temps luy donna le loisir pour plaire à celle qu'il voyoit, & en estant party apres beaucoup d'autres voyages, il reuint à Tiane, où Florian luy ayant demandé congé pour aller voir Crisante, le Roy voulut estre de la partie : le pauure Florian fut à ce coup l'ouurier de son malheur, puis qu'il perdit par cette veuë la liberté de viure auec sa Maistresse, & hazarda l'amitié de son Maistre & le bon-heur de sa fortune : tant il est vray que nous auons plus à nous garder de nous-mesmes que de nos propres ennemis. Ce Cheualier auoit fait vn long voyage à Tiane, où il auoit esté extremément malade, les Dames qui y estoient luy auoient rendu toutes les assistances & toutes les courtoisies possibles : Et l'vne d'elle nommée Eliane, ieune & fort belle, s'estoit resoluë d'en estre seruie, tant pour la reputation qu'il auoit d'estre vn des plus galans de son siecle, que pour estre fort bien fait de sa personne. Cela luy auoit reüssi, pource que Florian auoit esté heureux de rencontrer vne si bonne fortune, qu'il eust cherchée long-tēps & il la trouua d'abord.

Eliane de son costé estoit contente que son desir luy eust si bien reüssi ; mais cette douceur ne luy dura gueres. Car Florian estant allé voir le pere de Crisante fut pris à la premiere veuë de cette merueille. Il ne fut pas aisé de la resoudre à souffrir la recherche de Florian, aymant & estant aymée de Sceuole Cheualier de grand merite & fort aymable: cette belle pourtant ne fut pas long-temps cruelle, car elle ayma passionnement Florian, dont Sceuole qui voyoit fort clair en ce qui le touchoit, luy fit mille reproches, qui ne seruirent qu'à aduancer les affaires de son riual; qui de son costé commença à negliger tellement Eliane, qu'elle en estoit au desespoir.

Comme les choses estoient en cét estat Alcandre deuint amoureux de Crisante, qu'il ne pût voir pour ce voyage qu'vne seule fois, l'importance de ses affaires l'appellant ailleurs; toutesfois il emporta dans son cœur le feu que cette belle luy auoit allumé, & ne se soucia plus que d'elle. Durant son voyage, qui fut assez long, le Prince Lindamart vint à Tiane, où trouuant Crisante il perdit sa liberté, cette belle n'en laissant point à ceux qui la regardoient.

Ce Prince auoit auparauant aymé Eliane, laquelle ayant perdu Florian s'estoit embarquée auec luy, qui ne laissa pas pour cette nouuelle amour de la conseruer; aussi estoit-il si peu asseuré au choix qu'il faisoit, qu'il aymoit tout ce qui luy estoit presenté, & Eliane, qui ne vouloit estre sans party, aydoit à se contenter elle-mesme. Cette prattique de Lindamart & de Crisante dura autant que le voyage d'Alcandre; mais à son retour il se picqua si fort qu'il deuint extremément ialoux : ce fut alors qu'il commença à ne faire plus tant de cas de Florian, qu'il luy tesmoigna qu'il ne vouloit plus de compagnon en son amour, disant qu'il ne plaignoit aucun trauail pour n'en auoir point en la Royauté, & que sa passion luy estoit plus chere que toutes les choses du monde. Florian fut fort troublé du langage & de l'action auec laquelle il estoit proferé, & promit à son Maistre tout ce qu'il luy plût : mais Crisante qui n'aymoit point le Roy, & qui auoit donné toutes ses affections à Florian, se mit en vne extreme colere côtre Alcandre, luy protesta de ne l'aymer iamais, & luy reprocha qu'il luy vouloit empescher son bien d'espouser Florian dont la recherche auoit cette fin, & là dessus elle partit de Tiane & se retira en la maison de son pere.

Le Roy, à qui ses ennemis n'auoient iamais donné d'estonnement, en receut vn si grand par la colere de Crisante qu'il ne sçauoit à quoy se resoudre, enfin il creut que la voyant le lendemain il la pourroit au moins adoucir : mais ce voyage ne luy plaisoit pas en Compagnie : d'y aller seul, la guerre estoit allumée de tous costez, & deux garnisons d'ennemis sur son chemin, qui estoit à trauers d'vne grande forest, luy estoient de merueilleuses difficultez, qu'il ne pouuoit resoudre auec personne, & c'estoit vn conseil qu'on ne pouuoit luy donner, mais sa passion par dessus tout luy fit entreprendre ce chemin de sept lieuës, dont il en fit quatre à cheual accompagné de cinq de ses plus confidens seruiteurs, & estant arriué à trois lieuës du sejour de la Dame, prit les habits d'vn païsan, mit vn sac plein de paille sur sa teste & à pied se rendit à la maison où elle estoit, il l'auoit fait aduertir le iour d'auparauant qu'il la verroit & la trouua dans vne gallerie seule auec sa sœur, nommée Dalinde.

Crisante fut si surprise de voir ce grand Prince en cét equipage, & fut si mal satisfaite de ce changement, qui luy sembla ridicule, qu'elle le receut fort froidemẽt, & plustost comme son habit le monstroit que selon ce qu'il estoit : elle ne voulut demeurer qu'vn moment auec luy, & encore ce fut pour luy dire qu'il estoit si mal qu'elle ne le pouuoit regarder, & se retira là dessus. Sa sœur plus ciuile luy fit des excuses de cette froideur, luy voulut persuader que la crainte de son pere l'auoit fait retirer, & fit tout ce qu'elle pût pour adoucir ce grand mescontentement; ce qui luy fut aisé, puis que ce Prince estoit si espris que rien ne pouuoit rompre ses chaisnes. Voila comment ce perilleux voyage fut de fort peu de fruit, & mit en peine tout le monde, qui ne sçauoit ce que le Roy estoit deuenu.

A son retour il r'asseura tout, & cependant pour n'estre plus en cette peine, il prattiqua le pere de Crisante, & sous ombre de s'en seruir dans son Conseil, pource que ce vieillard estoit gouuerneur de la Prouince, le fit venir demeurer à Tiane. Il eust esté assez satisfait ayant le moyen de voir sa Maistresse tous les iours, si la necessité de ses affaires ne l'eust tiré ailleurs. Ie ne peux cependant passer sous silence l'auenture arriuée à vn ieune Seigneur, nommé Napoleon, qui à l'âge de vingt ans auoit deffendu la ville d'Elise durant la rigueur d'vn grand siege, s'y estoit ietté tres-hazardeusement, & auoit soustenu deux assauts contre l'opinion de tous ceux qui estoient dedans & du Gouuerneur mesmes, n'ayant iamais voulu capituler. Cette courageuse opiniastreté donna loisir aux seruiteurs du Roy de secourir cette place & d'y gagner vne memorable Bataille qui auançoit fort les affaires d'Alcandre, qui estoit encore alors au delà de la riuiere de Riole : la plus part des Chefs qui se trouuerent en cette bataille estoient tous proches parens de Napoleon qu'ils ne vouloient perdre, & cela les fit haster de le secourir.

Ce braue guerrier auoit en ce ieune âge rendu mille preuues de sa valeur, & n'auoit eu iusques à cette heure là d'autres pensées que pour sa gloire ; mais comme il fut sorty de ce siege si glorieusement, qu'il traisna la pluspart des canons des ennemis dans la ville & encloua le reste, il voulut donner quelque chose à son plaisir, il vint à Tiane, où il vit la belle Dioclée dont, il deuint passionnément amoureux. Cette Dame outre sa beauté estoit si agreable & auoit tant d'appas qu'elle mit Napoleon en estat de n'auoir des yeux ny des pensées que pour elle: cela dura quelque temps sans qu'on s'en apperceut, & le mary de cette Dame, nommé Polidor, fut le dernier à le connoistre : Mais l'ayant découuert il fit contre sa femme toutes les enrageries qu'il pût s'aduiser, il l'emmena de Tiane la nuit dans vn Chasteau plus propre à enfermer des lions que cette belle, & parmy tout cela ne disoit rien dont Napoleon se pût offencer, n'ayant nulle enuie de se prendre à vn si rude ennemy. Luy cependant desesperé du traittement qu'y receuoit sa Dame, ne sçauoit quel remede y apporter: le temps luy en fournit vn qui ne le contenta pas du tout, mais qui tira à tout le moins sa maistresse de sa prison. Car le Roy estant reuenu de Tiane assiegea & prit la ville de Larisse, dont il donna le Gouuernement à Polidor, qui s'y retira auec sa femme. Ce lieu plus beau & plus commode donna aussi commodité à Napoleon d'auoir des nouuelles de Dioclée : ils vserent de tous les artifices imaginables pour continuer leurs prattiques, & Napoleon mesme ayant trouué moyen de faire vn Baptesme à Tiane, Polidor & sa femme y furent priez, & il y fallut venir, pource que c'estoient des personnes de qualité qui les en prioient. Ce fut alors que Napoleon & Dioclée rauis de se voir, ne purent estre assez discrets pour empescher la ialousie de Polidor d'éclater. Il pensa tuer sa femme, la ramena en son Gouuernement, luy osta tous ses gens, & l'enferma dans vne Chambre. Napoleon aduerty de ce desordre fait tout ce qu'il luy fut possible pour y remedier, mais comme il ne le pouuoit faire ouuertement sans iustifier toutes les ialousies de Polidor, qui eut sans doute tué Dioclée, il n'eut recours qu'à chercher les moyens de mourir. Il se retira en vne de ses maisons, où aussi-tost qu'il y fut arriué toute la Noblesse qui estoit dans le païs le vint trouuer. Les voyant assemblez iusques au nombre de quarante ou cinquante, il leur proposa d'aller en plein iour petarder vne petite ville où il y auoit garnison d'ennemis; tous resisterent au commencement à cette proposition, cette entreprise leur semblant trop hazardeuse en plein iour, mais il le leur persuada si fortement que chacun s'y accorda; il y enuoya donc quelque infanterie, & y vint à vne telle heure qu'il força les portes de la ville, mais la garnison estant sortie & les habitans reprenant cœur, firent vne salue de mousquetades, dont vne balle ayant donné dans la teste de ce genereux guerrier finit par ce coup sa gloire & son amour, n'ayant que vingt ans, le Roy le regretta extremément, en ayant receu & en attendant de tres-grands seruices. Ie me suis trouué obligé de dire au plus genereux de tous les hommes quelque chose d'vn des plus vaillans de son siecle.

Dioclée porta fort impatiemment cette mort, mais comme elle se prenoit aisement, elle se consola en l'amour de quelque autre.

Crisante cependant continuoit d'aymer Florian, & ne laissoit pas d'escouter Lindamart, de luy escrire & d'en receuoir des lettres: luy qui ne vouloit pas hazarder les bonnes graces d'Alcandre pour cōseruer celles de Crisante, qu'il luy estoit assez facile de regagner, voyant reuenir le Roy la pria de luy rendre ses lettres, qu'il en feroit de mesme des siennes, & qu'il ne delaisseroit de luy conseruer son affection; bref il la sceut si bien cajoler, qu'elle luy permit de luy rapporter toutes celles qu'il luy auoit escrites en vn lieu où il se deuoit trouuer auec toutes les lettres qu'il auoit receuës d'elles; y estant arriué, & ayant eu de Crisante toutes ses lettres, il fit semblant d'auoir oublié la moitié de celles que Crisante luy auoit enuoyées, & encore c'estoient celles qui parloient plus clair, si bien qu'ils se separerent, luy tres-satisfait s'imaginãt qu'il cōserueroit par crainte quelque pouuoir sur elle, & celle-cy mortellemẽt offensée de cette fourbe, qui depuis cousta la vie à Lindamart. Car elle ne cessa depuis ce temps-là de luy rendre de si mauuais offices aupres d'Alcandre, que ne pouuant souffrir tous les déplaisirs qu'il en receuoit, il fut reduit à prendre le party couuert qui se fit quelque temps apres contre Alcandre, ce qui fit croire à tout le monde qu'elle auoit trouué moyen de s'en defaire par vne mousquetade qu'il receut dans la teste à l'entrée d'vne ville. Ainsi finit Lindamart pour auoir esté trop fin. Cependant l'amour d'Alcandre croissant tous les iours & le pere de Crisante s'en sentant importuné, elle voulut sortir de cette tyrannie : Et pour en trouuer vn plus raisonnable sujet elle desira d'estre mariée, il se presenta vn Gentil-hõme du païs tout propre à cette alliãce, il auoit du bien & estoit d'assez bonne condition ; mais pour le regard de sa personne & son esprit aussi mal fait l'vn que l'autre : Crisante fait iurer au Roy que le iour de ses nopces il arriueroit & la meneroit en vn lieu où elle ne verroit son mary que quand il luy plairoit, luy ayant persuadé qu'elle ne vouloit consentir à luy faire vne infidelité, mais ce iour estant passé sans qu'Alcandre eut pû abandonner vne entreprise tres-importante qu'il auoit, elle iura cent fois de s'en venger, & toutesfois elle ne se voulut iamais coucher, si bien que son mary pensant estre plus autorisé chez luy que dans la ville où il auoit esté marié, & dont le pere de Crisante estoit Gouuerneur, il l'emmena, mais elle se fit si bien accompagner de Dames ses parentes qui s'estoient trouuées à ses nopces, qu'il n'osa vouloir que ce qu'il luy plût.

Le Roy estant arriué là dessus à la plus prochaine ville, manda le mary qui amena sa femme, presumant d'en tirer à tout le moins quelque aduantage à la Cour : Partant de là Alcandre la mena auec luy, & afin qu'elle ne fust pas seule, mena sa sœur, vne Dame sa cousine, & s'en alla de ce pas attaquer la ville de Carnutes. Ce siege fut assez long, si bien qu'vne des tantes de Crisante l'y vint trouuer : cette Dame fine s'il en fut iamais luy donna de si bons preceptes, que le Roy fut tout sousmis aux volontez de Crisante & le mary de Lydie (c'estoit le nom de cette tante) eut par cette faueur le Gouuernement de cette bonne ville aussi-tost qu'Alcandre l'eut prise.

Deuant que le Roy fût amoureux de Crisante, il poursuiuoit de faire trouuer bon à Melisse de se démarier d'auec luy : c'estoit vne tres-grande Princesse, fille & sœur de Rois, mais qui estoit moins chaste que Lucresse, aussi estoient-ils separez il y auoit long-temps, & elle l'auoit quitté & s'estoit fait conduire dans vn Chasteau extremément fort pour estre situé sur vne haute montagne en vn païs tres-aspre, qu'elle auoit fait fortifier outre cela autant qu'il luy auoit esté possible. Elle auoit monstré de vouloir consentir à cette separation sous de certaines conditions, & en estoit comme d'accord, mais cette nouuelle amour éloigna fort ce Traitté, dautãt qu'Alcandre auoit peur qu'estant libre ses plus affectionnez seruiteurs le pressassent de se marier, ce qu'il n'eût voulu pour quoy que ce fût, ne voulant ny ne pouuant aymer que Crisante, qu'il eust faschée de luy parler de cela, elle estoit aussi mariée de son costé, si bien qu'il ne parloit que d'amours sans nopces. Cependant la Princesse Grassinde sœur d'Alcandre vouloit se marier auec le Prince Palamede, ieune & beau & à qui le Roy l'auoit fait esperer; mais ayant changé d'opinion il manda à la Princesse de le venir trouuer, & alla au deuant d'elle par delà la riuiere de la Riole, ayant resolu de la donner au Duc de Micene, ieune Prince, mais à la verité moins aymable que Palamede; aussi dés que Grassinde le vit, il luy fut si desagreable qu'elle dit tout haut qu'elle n'en vouloit point, le Duc pourtant voyant le Roy entierement de son costé, ne laissoit pas de luy rendre tous les deuoirs imaginables, Palamede d'autre costé offencé de cette recherche que le Roy auoit embarquée se retira en sa maison; Cependant Grassinde arriua en la ville de Larisse, où elle trouua Crisante qui luy sembla digne de l'amour du Roy son frere pour son extreme beauté, qui luy donnoit contr'elle vne enuie si forte, que si elle luy faisoit bonne mine, c'estoit auec tant de contrainte que cela estoit aisé à voir. Crisante de sa part ne pouuoit souffrir la grandeur de cette Princesse à laquelle il falloit qu'elle deferast en tout, & reprochoit souuent au Roy son arriuée, mais il n'y auoit point d'autre remede que de l'éloigner, ce qui luy fut aisé, les affaires d'Alcandre l'appellant en diuers lieux où il menoit tousiours Crisante, qui commençoit à se mesler à bon escient d'affaires, & cela luy fut rendu facile par Lydie, de qui le principal du Conseil d'Alcandre deuint amoureux, tant il est vray que l'exemple du Maistre a de pouuoir sur l'esprit de ses seruiteurs. Cét homme dans vne charge si serieuse & si eminente ne cachoit point sa passion, & le Roy, qui eust voulu que tout le monde eust esté aussi pris que luy, estoit bien aise qu'vn tel personnage se trouuast embarassé du mesme mal que le sien. En ce temps là mourut fort tragiquement la mere de Crisante, & comme elle auoit assez mal vescu il estoit iuste qu'elle receust quelque punition de ses crimes. Crisante continuoit à aymer Florian, dont le Roy auoit quelque soupçon ; mais à la moindre caresse qu'elle luy faisoit, il condamnoit ses pensées comme criminelles & s'en repentoit. Il arriua vn petit accident qui faillit à luy en apprendre dauantage, ce fut qu'estant en vne de ses maisons pour quelque entreprise qu'il auoit de ce costé-là, & estant allé à trois ou quatre lieuës pour cét effet, Crisante estoit demeurée au lict, disant qu'elle se trouuoit mal, & Florian auoit feint d'aller à Tiane, qui n'estoit pas fort éloignée ; si tost que le Roy fut party Arfure la plus confidente des femmes de Crisante & en qui elle auoit vne entiere confiance, fait entrer Florian dans vn petit cabinet, dont elle seule auoit la clef ; & comme Crisante se fut défaite de tout ce qui estoit dans la chambre son amant y fut receu. Alcandre qui n'auoit pas trouué ce qu'il auoit esté chercher, reuint plutost qu'on ne croyoit, & pensa rencontrer ce qu'il ne cherchoit pas, & tout ce que put faire Florian fut d'entrer promptement dans le cabinet d'Arfure, dont la porte se trouuoit au cheuet du lict de Crisante, & où il y auoit vne fenestre qui auoit veuë sur vn iardin ; le Roy ne fut pas plutost entré qu'il demanda Arfure pour auoir des confitures, que si Arfure ne se trouue que quelqu'vn vienne pour ouurir cette porte ou qu'on la rompe, & luy-mesme commença à luy donner des coups, Dieu sçait en qu'elle allarme estoient ces deux personnes si proches d'estre descouuertes. Crisante feignoit que ce bruit l'incommodoit fort, mais pour cette fois Alcandre fut sourd & continuoit à vouloit rompre cette porte. Florian voyant qu'il n'y auoit point d'autre remede se jetta par la fenestre dans le jardin, & fut si heureux que bien qu'elle fust assez haute, il se fit fort peu de mal. Arfure qui s'estoit cachée pour n'ouurir pas cette porte, entra aussi-tost bien échauffée, s'excusant sur ce qu'elle ne pensoit pas qu'on eust affaire d'elle, elle alla donc querir ce que le Roy auoit si impatiemment demandé, & Crisante voyant qu'elle n'estoit pas découuerte, reprocha mille fois à Alcandre cette façon ; ie voy bien (luy dit-elle) que vous me voulez traitter comme les autres que vous auez aymées, & que vostre humeur changeante veut chercher quelque

que sujet de rompre auec moy, qui vous preuiendray me retirant auec mon mary que vous m'auez fait laisser d'autorité, ie confesse que depuis l'extreme passion, que i'ay euë pour vous, m'a fait oublier mon deuoir & mon honneur, que vous payez d'inconstance, sous ombre de soupçon, dont ie ne vous ay iamais donné de sujet par pensée seulement: là dessus les larmes ne manquoient pas, qui mirent Alcandre en vn tel desordre qu'il luy demanda mille fois pardon, qu'il confessa auoir failly, & fut long-temps depuis sans tesmoigner aucune ialousie.

Cependant la grande ville de Lutecie estoit tousiours occupée par les ennemis d'Alcandre, & comme il y auoit force Princes & Princesses, & quantité de personnes de qualité, cela faisoit vne Cour où il se passoit plusieurs choses.

La Duchesse Polinisse, qui estoit vefue d'vn des Princes du Sang d'Alcandre, & sœur du Prince de la Suziane, Chef de ce party, y tenoit le premier rang, & n'oublioit rien de ce qu'elle pouuoit mettre en pratique pour aduancer les affaires de son nepueu fils de son frere, ieune Prince de qui on auoit bonne opinion, & s'y portoit auec beaucoup plus de soin qu'à aduancer celle de son autre frere, quoy qu'elle trauaillast beaucoup pour cét effet.

Cette femme aymoit vn Cheualier du party d'Alcandre qui auoit la reputation d'estre tres-grand homme, & qui l'estoit veritablement, qui luy monstroit toute l'amour qui luy estoit possible, quoy qu'il ne l'aymast point, mais bien sa niepce Milagarde fille aussi de son frere aiﬁné, belle, de bonne grace & l'vne des plus aymables de son temps. Cette ieune Princesse, à qui Alcandre auoit donné quelque esperance qu'il la pourroit espouser lors qu'il seroit libre, & cela auant qu'il aymast Crisante, luy auoit donné quelque vanité, ce qui luy faisoit desdaigner tous les autres hommes dõt Almidor (c'estoit le nom de ce Cheualier) s'apperceut à la premiere veuë: car ayant fauorisé autant qu'il auoit pû ce qu'il pensoit estre agreable à Milagarde, & ayant mesme fait passer des viures dans Lutecie qui en estoit souuent en necessité, il receut d'elle vn si mauuais visage & apparent mespris que cela rabatoit beaucoup de la vanité dont il faisoit profession. Tous les honnestes gens du party de Sertorius (c'estoit le nom du Chef des ennemis d'Alcandre) auoient de la paſſion pour Milagarde, & neantmoins parmy tout cela elle ſe conſeruoit fort libre. Sa mere nommée Dorinde tenoit ſa maiſon à part auec cette belle fille, & cét Hoſtel ſe pouuoit dire la Cour de ce party, tant la beauté de Milagarde attiroit de monde: elle portoit vne extréme enuie à Criſante en partie pource que veritablement elle eſtoit plus belle, & en effet pource qu'elle croyoit qu'elle luy auoit oſté Alcandre, & cherchoit auec ſoin le moyen de s'en vanger.

Cependant Alcandre vint aſsieger Lutecie, où il ſe faiſoit tous les iours des entrepriſes de part & d'autre, les aſsiegez faiſant bien ſouuent des ſorties qui eſtoient preſque touſiours repouſſées par les aſsiegeans. Milagarde ſe trouuoit ſur le rempart d'où Almidor luy diſoit ou faiſoit touſiours dire quelque choſe qui ſe reſſentoit de la paſsion qu'il auoit pour elle, à quoy elle faiſoit ſemblant de ne rien entendre, voulant paroiſtre tres-dédaigneuſe, & particulierement en ce temps qu'Alcandre qui n'eſtoit pas tout à fait embarqué auec Criſante, auoit enuoyé demander ſon portraict, & ſembloit que faiſant la paix, ce mariage ſe pourroit pratiquer: Si bien que Milagarde toute glorieuſe de cette eſperance meſpriſoit Almidor & tous les autres Cheualiers. Or vn iour que pour quelque occaſion on auoit accordé vne petite treue de ſix heures, la Princeſſe Dorinde & Milagarde accompagnée de pluſieurs Dames vindrent ſur le rempart, & auſsi-toſt tous les galands de l'armée ſe trouuerent au pied de la muraille pour parler à quelques-vns de leur reconnoiſſance, & tous preſque pour voir Milagarde. Florian s'y troua qui arreſta ſi fort ſa veuë ſur les beautez de cette Princeſſe, qu'oubliant Criſante & tous les ſermens qu'il luy auoit faits de n'aymer iamais perſonne qu'elle, il ſe donna à cét objet preſent.

Milagarde qui meſpriſoit tout le monde ſentit à la veuë de Florian qu'elle pouuoit aymer autre choſe qu'vn Roy, & dés lors ces deux perſonnes eurent de l'amour l'vne pour l'autre. Eſtrange effet des paſsions auſquelles on ne reſiſte point, Florian eſtoit allé là pour s'excuſer d'auoir, comme l'on diſoit, trempé à la mort du Prince Cleandre pere de Milagarde, & la mere l'auoit creu coulpable & auoit proteſté de s'en vanger. Il s'eſtoit donc trouué là pour s'en iuſtifier à la mere & à la fille, & la premiere deuint amoureuſe de luy, & il deuint amoureux de la derniere qui ne luy fut pas insensible: ils tindrent ce feu assez caché, Milagarde pour n'en point donner de soupçon à sa mere, & Florian pour ne pas fascher Crisante, qu'il ne vouloit perdre comme estant alors l'appuy de sa fortune.

Durant si peu de temps il ne put faire qu'employer ses amis afin de dire de sa part à ces Dames qu'il estoit du tout innocent de la mort de Cleandre; & sa iustification fut si bien receuë que la mere de Milagarde dit qu'elle n'en croyoit plus rien, & dit à sa fille qu'il ne l'en falloit plus accuser, qu'elle croyoit en ses paroles, & qu'il en auoit fait des sermens execrables à ceux qu'il auoit employez pour leur faire perdre cette opinion. Voila comme l'amour iustifie les crimes.

Milagarde ne fut pas mal-aisée à persuader sentant bien que bien que s'il estoit coupable d'auoir fait mal à son pere, elle n'estoit pas assez libre pour le haïr, & qu'il valoit mieux estre credule pour cette fois, chacun se retira apres que la treue fut expirée; & Florian rēporta mille pensées en son ame, tantost plaisantes & tantost fascheuses. Il ne vouloit ny ne pouuoit quitter Crisante: sa nouuelle passion luy donnoit des inquietudes, mais il n'y vouloit pas resister: enfin il se resolut d'aymer Milagarde, de conseruer Crisante, & de les garder toutes deux. Il commença dés l'heure à chercher les moyens de seruir la Princesse Dorinde, qui receuoit si bien ses messagers & ses lettres, qu'en moins de rien il y eut entr'eux beaucoup d'intelligence. En ce temps le frere de Milagarde sortit de prison, où il auoit tousiours esté depuis la mort de leur pere, Florian qui le connoissoit prit occasion de luy enuoyer vn trompette pour le visiter. Il auoit des lettres pour sa mere qui furent tres-bien receuës, & il fut assez fin pour en donner à Milagarde sans estre veu de personne, elle ne luy pût parler pour cette fois, mais elle luy fit signe que ses lettres ne luy estoient pas desagreables, dont Florian fut extremément content l'ayant appris.

Cependant la guerre continuoit tousiours, & Dorinde mere de Milagarde rechercha d'auoir vn passe-port pour aller en vne de ses maisons, & Alcandre luy accorda aisément, & mesmes de passer par le lieu où il estoit auec toute la Cour.

Milagarde estoit tres-aise de ce voyage, tant pour ce qu'elle esperoit que Florian auroit moyen de parler à elle, que pour voir si Crisante estoit aussi belle que l'on disoit.

Il ne fut pas mal-aisé à Florian de persuader à Alcandre tres-courtois de son naturel d'enuoyer au deuant des Princesses, & luy-mesme en eut la commission à cause du lieu qu'il auoit en la Cour.

A l'arriuée Dorinde & sa fille receurent mille caresses d'Alcandre, & la premiere ne pouuoit se lasser de loüer la beauté de Crisante qui trouua Milagarde trop aimable à son gré, & celle-cy fut surprise de tant de beautez qu'elle vit en Crisante, mais toutes deux sans faire semblant du iugement qu'elles faisoient l'vne de l'autre, demeurerent auec toute la froideur que la ciuilité pût souffrir, dés que Milagarde l'eut veuë se tournant vers Florian qui n'estoit pas loin d'elle l'ayant conduite iusques-là, luy dit, ie la croiois plus belle, à quoy il ne respondit point pour estre trop prés de Crisante.

Le Roy qui se connoissoit fort bien en passions, & sçauoit celle de Dorinde, ne douta point que Florian ne l'amusast afin d'auoir moyen de voir sa fille, de laquelle il iugea qu'il estoit amoureux; & cette opinion fit deux effets, l'vn qu'il assoupit le soupçon qu'auoit tousiours Alcandre, que Florian aimoit sa maistresse, & l'autre luy fit prendre tout à fait le dessein qu'il auoit eu pour Milagarde.

Crisante qui estimoit plus l'affection de Florian que tous ces petits interests, espia de si prés toutes les actions de son amant, qu'elle reconnut qu'il aimoit Milagarde, & qu'il n'en estoit pas haï, dont elle eut vn tel despit & vne si forte ialousie qu'elle eut bien de la peine à la cacher.

Milagarde qui estoit bien aise de luy donner martel en teste & qui croioit auoir gagné beaucoup de rendre cette belle ialouse, faisoit tout ce qu'elle pouuoit pour augmenter son soupçon, s'imaginant que si elle partoit de la Cour sans auoir rien gagné sur le Roy, elle triompheroit au moins de sa maistresse.

Le lendemain Dorinde partit ayant obtenu neutralité d'Alcandre pour la maison où elle alloit, à quoy Florian auoit contribué tout ce qu'il auoit pû, estant si enflammé des attraits de Milagarde, qu'Alcandre accorda tout ce qu'il voulut pour luy faire abandonner Crisante, qui outrée de colere ne voulut dire Adieu, ny à la mere, ny à la fille, feignant de se trouuer fort mal, & ne se laissant voir de tout le iour à personne. Florian & toute la Cour conduisirent ces Dames assez loin & reuindrent le lendemain que Crisante fit si mauuaise mine à ce Cheualier, que cela commença à l'inquieter. Car ne voyant plus Milagarde, l'objet present le reprenoit, & outre toutes ces choses il auoit si peur de la perdre pour les interests de sa fortune, qu'il maudissoit son inconstance & son indiscretion. Cependant Dorinde qui ne pouuoit viure sans estre aimée de Florian, trouua moyen d'embarquer son fils à quelque Traitté auec le Roy, & pour l'acheminer enuoya à la Cour pour en donner aduis à Alcandre, qui ne desirant que de ramener tous ses subjets à leur deuoir, & particulierement ce ieune Prince, l'vn des premiers du party contraire, & de qui il auoit fort bonne opinion, dépescha aussi tost Florian vers elle, à quoy Crisante s'opposa de tout son pouuoir, disant qu'il n'estoit pas homme d'affaires, & que peut-estre Floridor (c'estoit le nom du Prince) n'auroit pas son entremise si agreable que sa mere. Mais Antenor lors premier Conseiller d'Alcandre l'emporta pour faire plaisir à Florian qu'il aymoit extremément, & fit mesme qu'il porta force bonne esperance pour Floridor, qui n'eut iamais obtenu les aduantages qu'Alcandre luy accorda sans les soins d'Antenor, qui faisoit tout ce que Florian desiroit, & auec tant de chaleur, que tout le monde s'estonna qu'vne affaire si grande fust si-tost & si aduantageusemẽt terminée. Voila comme les affaires de la Cour se font par des personnes ausquelles on pense le moins, & il y a peu qui les sçachent, quoy que plusieurs en discourent. Floridor receut du Roy à son arriuée tout le bon traittement qu'il pouuoit desirer. Et la Princesse Grassinde sœur d'Alcandre luy fit si bon visage que dés le mesme iour elle s'embarqua à le seruir. En ce temps le Roy estant allé assieger vne ville qui tenoit encore le party de Sertorius, Crisante accoucha d'vn fils, dont Alcandre receut vne telle ioye qu'il luy fit à l'instant quitter le nom de son mary, luy bailla le tiltre de Marquise, & commença non pas à l'aymer dauantage (car son amour estoit si extreme qu'il ne pouuoit receuoir d'augmentation) mais à en faire beaucoup plus de cas, & à la faire honorer.

Se voyant en cét estat elle commença à chercher tous les moyens possibles de se desmarier, & à prendre de plus grandes esperances, le Conseil de sa tante Lydie luy inspirant qu'elle pourroit arriuer à vne plus grande fortune, & le vieil amoureux de cette femme, tres-habile homme, fors en cela seulement qu'il aymoit Lydie, luy donnoit des aduis tres-vtiles pour ce dessein. Elle commença donc d'y trauailler à bon escient, pratiquant du support, faisant des amis & establissant ceux qui dependoient d'elle: elle auoit aussi gagné des gens pour porter la Reine, lors femme d'Alcandre, de rompre leur mariage, qui ne luy pouuoit produire qu'vne fortune tres-malheureuse & pleine de méfiance, mais pour l'heure elle ne pût rien obtenir sur son esprit. Florian cependant s'estoit vn peu remis auec elle, qui auoit vne si forte inclination à l'aymer, qu'elle s'aidoit à se tromper elle-mesme lors qu'il la flattoit, à quoy il apportoit toute son industrie, la voyant plus puissante que iamais.

Grasinde & Floridor ne cachoient pas aussi leur amour, & ce Prince commençoit à trouuer mauuais les visites trop ordinaires de Florian en son logis, si bien que Milagarde qui craignoit que son frere ne fit quelque rumeur en aduertit ce Cheualier, qui y ayant bien pensé consulta Antenor, qui luy promit de faire en sorte qu'on luy donneroit le Gouuernement de la Prouince de Romains. Ce qui s'y passa est pour les Historiens.

Grasinde s'en prit à tout le monde, mais elle s'appaisa par vn autre objet, qui fut Damon, déja assez aduancé en âge, mais tres-galand'homme, & qui auoit acquis auec les bonnes graces du dernier Roy de grandes dignitez & de belles charges. Cela dura iusques à ce que Grasinde fut mariée, qui fut peu de temps apres auec le Prince de Suziane, & fut conduite au pays de son mary, si bien que Crisante demeura seule Maistresse de la Cour.

Florian craignant qu'à la fin l'amour qu'il auoit pour Milagarde ne luy fit perdre Crisante, se resolut de mettre bien ensemble ses deux Maistresses, & voyant qu'il pouuoit ce qu'il vouloit sur l'esprit de celle-cy, il luy persuada que puis qu'elle estoit dans le chemin d'estre Reine, il auroit plus d'establissement & de moyen de la seruir s'il pouuoit espouser Milagarde: que si elle ne vouloit pas ce mariage, le pretexte leur seroit fort plausible vers Alcandre, & le destourneroit des soupçons qu'il pourroit auoir d'eux, où il luy sembloit qu'il pourroit retomber en reconnoissant déja quelque chose : que ce soupçon nuiroit extremément à sa grandeur, & qu'elle sçauroit bien que quoy qu'il témoignast en apparence, en effet son cœur estoit à elle : Bref, il la sceut si bien cajoler, qu'elle luy promit de faire bonne mine à Milagarde, qui fut tres-aise d'estre bien auec cette puissance, & la sceut si adroitement entretenir, que Crisante la fauorisoit plus que nulle autre. Et il y eut entr'elles vne si estroite intelligence qu'elles estoient tousiours habillées l'vne comme l'autre, & ne bougeoient d'ensemble, Cela éblouït pour vn temps Alcandre, & guerit son esprit d'vn soupçon qu'il recommençoit d'auoir de Florian; mais vn de ses valets de chambre luy ayant fait voir vne lettre que ce Cheualier escriuoit à Crisante, qu'il auoit trouuée vn matin qu'elle faisoit la malade sur la toilette où Arsure l'auoit laissée, ne pensant que l'on deust venir de si bonne heure dans la chambre, le Roy commanda à cét homme d'auoir l'œil sur eux : luy qui craignoit comme bon seruiteur que son Maistre n'épousast cette femme, les épia de si prés, qu'il crût vn soir auoir veu entrer Florian chez sa Dame, il alla aussi-tost en donner aduis au Roy, qui commanda au Capitaine des Gardes d'aller tuër ce Seigneur en la chambre de Crisante.

Licidan (c'estoit le nom de ce Capitaine) fut tres-surpris de ce cõmandement, aymant fort ces deux personnes, & toutesfois il fallut marcher, il prit des Archers passant dans la sale & le plus long chemin fit tant de bruit qu'il ne trouua persõne que Crisante toute seule estant entré dãs sa chambre, à qui il dit sa commission. Elle qui vit bien qu'il ne l'auoit pas voulu surprendre, luy promit de n'oublier iamais ce bon office; ce qu'elle luy témoigna depuis, faisant pour luy tout ce qu'elle pouuoit : Et Milagarde qui sceut l'affaire, luy en sceut si bon gré qu'elle luy ayda fort à venir aux grandes dignitez qu'il auoit lors qu'il mourut. Crisante cependant fit de grandes plaintes à Alcandre des soupçons qu'il prenoit d'elle : il fit semblant à l'heure d'auoir tort, & ne voulut pour cela estre mal auec elle; mais la lettre qu'il auoit veuë que Florian luy escriuoit, luy fut vn peu reprochée, elle iura ne l'auoir iamais veuë, & se iustifia assez bien, tout luy estant aisé auec le Roy: mais Florian en fut si mal qu'il fallut qu'il s'en allast, auec deffences de ne reuenir point qu'il ne fust marié. &

qu'il n'amenast sa femme. Antenor qui le maintenoit estoit mort, & Crisante eust esté mal receuë à parler pour luy, de façon que ce fut le plus court pour Florian de partir & de faire ce qui luy estoit commandé, bien que ce fust auec vn extreme regret.

Durant son voyage la belle Leonide arriua à la Cour, elle estoit femme du Duc de Moranie premier Officier de la Courône, & de tres-illustre maison. Ce vieux Seigneur s'estoit depuis peu marié auec cette belle Dame qui attira à son arriuée les yeux & le cœur de tous les hommes; mais son naturel hautain, & le rang où elle se trouuoit, luy ostoient tout soucy, & luy faisoient mespriser la haine des Dames, comme elle faisoit bien souuent l'amour des hommes.

Alcandre en fut vn peu touché, & Dieu sçait si Crisante le luy pardonna, mais cela ne l'empescha pas de tesmoigner à toutes les occasions de l'amour à Leonide, qui le souffroit plus pour faire despit à Crisante que pour plaisir qu'elle y prist, n'estant pas seulement aymée, mais adorée du braue Eteocle, qui auoit acquis plus de reputation aux armes qu'aucun autre de son temps. Cette belle Dame à peine parut-elle au monde; car elle mourut incontinent d'vne couche, & laissa vn fils & vne fille, le premier si bien fait & elle si belle, que c'estoient deux miracles. I'en parleray dauantage ailleurs, voulant acheuer l'Histoire de Crisante, qui eut vne fille durant que tout cela se passoit, & bien-tost apres vn fils, dont elle accoucha apres auoir esté démariée: cela luy haussa le courage de telle sorte qu'elle commença de chercher à bon escient tous les moyens dont elle se pût aduiser pour paruenir au mariage d'Alcandre. Luy plus amoureux que iamais depuis la naissance de ces deux fils, se resolut à ce qu'elle desiroit, & chassa vn des principaux de son Conseil, qui luy en auoit donné vn contraire à ce dessein, il sçauoit qu'il auroit le consentement de la Reine Melisse sa femme quand il voudroit: & il ne restoit plus sinon que le Pape voulut la dissolution de ce mariage. Il enuoya pour cét effet à Rome vn tres-habile homme de son Conseil, qui ne desiroit que luy complaire & obliger sa Maistresse, qu'il auoit fait Duchesse quelque temps auparauant. Se voyant en vne si grande dignité, & auec de si hautes esperances, elle se rendit si courtoise & si officieuse

officieuſe que ceux qui ne la vouloient pas aymer ne la pouuoient pas haïr ; elle commandoit à toute la Cour auec vne grande douceur, s'obligeant le plus qu'elle pouuoit de perſonnes. En ce temps-là elle deuint groſſe. Cela fit reſoudre tout à fait le Roy à l'eſpouſer. Elle viuoit auec tant de grauité & de retenue qu'il ſembloit qu'elle n'euſt iamais bougé d'auec les Veſtalles, ſes habits & toutes ſes actions ne repreſentant qu'vne parfaite modeſtie, de façon que le Roy auoit regret d'en auoir eu iamais aucun ſoupçon.

Vn homme qui eſtoit à la Cour il y auoit long-temps ſe maria pour lors auec vne femme qui auoit de grands enfans de luy à deſſein d'obliger Criſante, pour ce que cét homme eſtoit bien auec Alcandre, à qui il parloit fort librement, luy donnant le cōſeil qu'il auoit pris pour luy, qui ſeruit de quelque choſe ; pour ce qu'ordinairement on eſt bien aiſe d'auoir des exemples aux choſes qu'en ſoy-meſme on n'eſtime pas trop bien faites. Voila donc le commandement donné à l'Ambaſſadeur qui eſtoit à Rome de pourſuiure la diſſolution du mariage du Roy & de la Reine ſa femme ſollicitée d'y conſentir. Tout cela toutesfois tiroit en longueur, & Criſante preſte d'accoucher preſſoit afin qu'il n'y eût rien à redire à la naiſſance de l'enfant dont elle eſtoit groſſe. Elle vint à Lutecie pour y faire ſes Paſques en public, afin de ſe faire voir bonne Catholique au peuple qui ne la croioit pas telle : elle ſe logea dans le Cloiſtre des Chanoines de la Parroiſſe du Palais Royal, & le Mercredy Saint eſtant arriuée elle alla en vne Egliſe à vn des bouts de la ville pour y ouïr les Tenebres qui s'y diſoient auec vne grande Muſique. Criſante y alla en littiere, & toutes les Princeſſes en carroſſe, & il y auoit à coſté de la litiere vn Capitaine des Gardes. On luy auoit gardé vne Chappelle où elle entra pour n'eſtre preſſée ny trop en veuë: Milagarde eſtoit auec elle, & tout le long de l'Office, elle luy monſtra des lettres de Rome, où l'on l'aſſeuroit que ce qu'elle deſiroit ſeroit bien-toſt acheué. Elle luy fit auſſi voir deux lettres qu'elle auoit receuës le meſme iour d'Alcandre, ſi paſſionnées & ſi pleines d'impatience de la voir Reine, qu'il luy mandoit qu'il depeſcheroit le lendemain vn de ſes Secretaires d'Eſtat, & qui eſtoit tout à elle, pour auoir épousé vne de ſes parentes, pour preſſer ſa Sainteté de luy permettre ce qu'aussi bien il estoit resolu de faire. Toute l'heure de la deuotion se passa en semblables prieres, & quand le seruice fut acheué, elle dit à Milagarde qu'elle s'alloit mettre au lict; & que puis qu'elle estoit là, qu'elle la prioit de l'aller entretenir: la dessus elle monta en litiere & Milagarde en carrosse, se plaignant d'vn grand mal de teste, & soudain il luy prit vne conuulsion dont elle ne reuint qu'à force de remedes: Elle voulut escrire au Roy, mais vn autre conuulsion l'en empescha, & voulant lire vne lettre qu'elle auoit receuë d'Alcandre, comme elle fut reuenuë de la seconde, vne troisiesme la reprit, qui augmentant tousiours, luy dura iusqu'à la mort. Ce mal la prit le Mercredy, elle accoucha le Vendredy par force de remedes, & mourut le Samedy matin, veille de Pasques, sans auoir eu aucune connoissance, au moins à ce qu'on en pouuoit iuger. Le Roy qui estoit en vne de ses maisons, fut aussi-tost aduerty de son mal, & presumant que c'estoit vn accident de la grossesse, il ne se hasta point de partir, mais le troisiesme courrier qui luy rapporta que le mal continuoit, le fit mettre en chemin & le fit venir iusqu'à six lieuës de Lutecie, où il trouua toute sa Cour, & il connut bien par la tristesse, qui parroissoit sur le visage de ses Seigneurs, que Crisante estoit morte: il ietta vne grande abondance de larmes, & renuoya tout le monde, disant qu'il vouloit estre seul, & ne retint auec luy que celuy que i'ay dit qui s'estoit marié pour luy en donner enuie, & le Duc de Ponti qui estoit de tres bonne compagnie, qui apres luy auoir laissé faire quelques regrets, luy dit quasi en riant qu'il estoit bien heureux, & que songeant à ce qu'il alloit faire sans cette mort, il iugeroit que Dieu luy auoit fait vne grande grace. Apres auoir vn peu resué, il l'aduoüa, & leuant les mains & les yeux au Ciel, en rendit mille graces à celuy qui luy en auoit fait tant d'autres, & se consola si bien, que trois semaines apres il deuint amoureux d'vne fort belle fille & de bon lieu, nommée Ismene, celle-cy luy fit oublier tout à fait Crisante, bien qu'elle ne fust pas si belle, mais elle estoit plus ieune de beaucoup & plus gaye. Les Ministres de son Estat voyant de quel mal-heur Dieu l'auoit deliuré, & reconnoissant l'esprit hardi d'Ismene, qui n'auoit pas moins d'ambition que l'autre, l'embarquerent le plus viste qu'ils pûrent à se marier, & celuy qui estoit allé à Rome pour faire agréer le mariage de Crisante, en traitta vn autre auec la Princesse Olympe : le Pape donna tout le consentement necessaire, & la Reine Melisse tout ce qui dependoit d'elle, de sorte que l'affaire fut concluë plustost mesme que le Roy ne pensoit, & sans qu'Ismene en eut aucun aduis : elle estoit grosse & alla faire ses couches en l'vne des belles maisons d'Alcandre, où il l'amena luy-mesme auec force belles esperances; mais elle se blessa & accoucha d'vn fils mort, Ismene fut fort malade, & fut si bien assistée par le Roy, & on luy appliqua tant de remedes qu'elle reuint en santé, & ce fut à cette heure là qu'elle apprit l'accord du mariage de son amant, dont elle fit tant de vacarme, & gourmanda tant ce Roy amoureux, qu'il eut bien de la peine à la mettre en bonne humeur : Elle s'en prit à Florian qui l'auoit voulu cajoler, & qu'elle n'auoit gueres écouté, si bien qu'elle trouua moyen de faire que Filizel ieune Prince & de bonne grace, & qui estoit amoureux d'elle, entreprist sur sa vie. Vn soir que le Roy souppoit à la ville, & qu'ils se trouuerent tous deux à la porte du logis où souppoit Alcandre, Florian fut blessé, mais ses gens voyant cela poursuiuirent si bien Filizel, qu'ils l'eussent tué sans vn ieune Cheualier de bonne maison, nommé Lucile, qui le secourut, & fut si griefuement blessé qu'on croioit qu'il en deust mourir.

Alcandre fut si outré de colere de cette action, qu'il vouloit faire punir Filizel, & ne vouloit en façon quelconque que l'on prit soin de Lucile qui fut neantmoins si bien pensé qu'il en échappa, & la Princesse de la Suziane mere de Filizel & sa sœur Milagarde firent son appointement auec le Roy, bien qu'elles fussent & l'vn & l'autre extremément faschées contre Filizel, soupçonnãt qu'il n'auoit pas ainsi traitté Florian pour le seul amour d'Ismene. Tout cela se passa à la fin, & il fut question d'aller faire la guerre au Duc des Allobroges. Ce Prince estoit venu trouuer Alcandre pour s'accommoder auec luy d'vn petit Estat, qu'il auoit pris sur le feu Roy durant les grandes affaires de ce Prince. Son successeur, qui auoit recouuré presque tout son Royaume à coups d'espée, & qui ne pouuoit souffrir que ce petit Prince aux prix de luy eust entrepris de garder sa prise, l'auoit souuent fait aduertir qu'il vouloit auoir ce qui luy appartenoit. Le Duc croyant qu'il gaigneroit quelque chose s'il y venoit luy-mesme, vint trouuer Alcandre qui le receut fort courtoisement. Mais sa principale esperance auoit esté l'intelligence qu'il auoit euë auec la Duchesse Crisante, du viuant de laquelle il auoit asseuré le Roy de le venir trouuer, de façon que quand il sceut sa mort il estoit si engagé de parole & par lettre à faire ce voyage qu'il ne s'en pût dédire. A son arriuée ce ne furent que festins, il fit des presens à toutes les plus belles Dames & aux principaux de la Cour, trop pour le profit de quelques vns: les disputes pour la prescance entre les Dames ne manquerent pas, Alcandre y prenoit plaisir, & ne les terminoit point, Ismene en passoit son temps. Le Duc s'en retourna sans rien faire, si bien que le Roy se resolut de luy faire la guerre, & c'estoit aussi son chemin pour aller receuoir la Princesse d'Etrurie: il auoit enuoyé sa procuration au Duc son oncle pour l'épouser, & Florian en fut le porteur; ce qui augmenta bien fort la haïne qu'Ismene luy portoit. Le Roy conquit en moins de rien tout l'Estat du Duc des Allobroges, & la paix s'estant faite par l'entremise du Pape, Alcandre eut son compte. Cependant Olimpe arriua à la ville des Massiliens pour venir trouuer le Roy & y fut conduite par la Duchesse d'Etrurie femme de son oncle, & par la Duchesse d'Achaye sa sœur, par le Duc de Velitre son cousin germain, & quelques autres Seigneurs. Elle fut receuë par deux Cardinaux, par le Duc de Moranie premier Officier de la Couronne, par le Prince de la Suziane Gouuerneur de la Prouince, par les Princesses des Armoriques, de la Suziane mere, la belle Milagarde sa fille & de plusieurs Dames, & entr'autres de Scilinde, que le Roy auoit aymée; & l'ayant trouuée plus vertueuse qu'il n'eust voulu, luy dit, que puisque veritablement elle estoit Dame d'honneur, elle le feroit de la Reyne sa femme: parole qu'il luy tint au bout de dix ans, car il y auoit autant de temps qu'il l'auoit aymée.

Olimpe fut conduite auec toute sorte de magnificence iusques à la ville où Alcandre la vint trouuer, & les ceremonies des nopces s'y acheuerent; deux filles du Duc de Moranie s'y trouuerent toutes mariées à des Ducs: l'aisnée estoit nommée Armise, & l'autre Licine, toutes deux fort belles, & celle-cy qui estoit la plus ieune, donna de l'amour au Duc de Velitre, mais cela passa comme luy, qui ne sejourna pas long-temps à la Cour

Cour. Le Prince de la Susiane n'en fit pas de mesme ny le Duc de Medoc, qui en eurent vne querelle qui mipartit toute la Cour. Enfin le Roy les accorda, qui n'estoit pas sans quelque intention pour Licine, qui auoit eu grande dispute à la ceremonie du mariage pour sa preseance auec Milagarde, mais on y auoit trouué quelque expedient, non pas à les rendre amies; car elles ne le pouuoient estre, ayant le plus grand interest des Dames à desmesler, toutes trois estant fort belles; le Roy cependãt ne laissoit pas d'aymer Ismene, & de luy enuoyer tous les iours des Couriers, & elle se dispensoit de parler vn peu trop librement d'Olimpe, à qui on ne manquoit pas de rapporter tout ce qu'elle disoit: & cela fit dés l'heure mesme vne broüillerie dãs la Cour où tout le monde estoit embarassé, les vns rapportant tout à la Reyne, & gagnant par ce moyen, sinon ses bonnes graces, au moins sa familiarité: les autres l'obligeant, en l'aduertissant de tout, & Dieu sçait combien il y en auoit qui ioüoient les deux personnages.

Ces embaras ne parurent pas si-tost, & il y eut vn autre intrigue qui amusa la Cour durant tout le voyage que fit la Reyne pour venir à Lutecie. Le Roy auoit enuoyé à la Reyne la Duchesse des Armoriques & la Marquise Silinde, pour estre Dames d'honneur, & vne autre Dame pour estre Dame d'atour, nommée Leriane. La Reyne ne voulut point receuoir cette derniere, disant qu'elle vouloit qu'Argie eust cette charge, qui l'auoit tousiours seruie & qu'elle auoit amenée pour cela. Le Roy disoit que l'ayant donnée à Leriane, il vouloit qu'elle seruist si bien que cela esloigna la Reine de la Marquise & tout le train qu'on luy auoit enuoyé, & leur faisoit tres-mauuaise mine. Milagarde tres-adroite sceut bien profiter de cette occasion, prenant incontinent le party de la Reyne, ce qui luy donna part en ses bonnes graces, & plus de priuauté auec elle que n'auoient toutes les autres. Le mesme iour qu'Olimpe arriua à Paris, le Roy commanda à la Duchesse des Armoriques Surintendante de la Maison de la Reyne d'aller querir Ismene, & de la luy presenter. Cette vieille Princesse s'en voulut excuser, disant que cela luy osteroit toute creance aupres de sa Maistresse, mais le Roy le voulut & le luy commanda assez rudement contre sa coustume, qui estoit d'estre fort courtois; elle la mena donc à la Reyne, qui extremement surprise de cette veuë se trouua estonnée, & la reçeut assez froidement; mais Ismene fort hardie de son naturel, luy parla tant, & se rendit si familiere auec elle, qu'enfin elle s'en fit entretenir. Cependant le Roy sceut peu de gré à cette vieille Duchesse de cette conduite, & Olimpe luy fit vn tres-mauuais visage qui dura tousiours depuis, Argie voyant qu'il n'estoit au pouuoir d'Olimpe de faire que le Roy voulust qu'elle la seruist en la charge de Dame d'Atour, eut recours à Ismene & luy fit parler, luy promettant que si elle faisoit son affaire, elle la mettroit au point qu'elle voudroit auec Olimpe: elle l'entreprit & en vint à bout, si bien que la Reyne estoit radoucie & commença à luy faire bonne chere.

Le Roy lassé d'aller tous les iours deux ou trois fois chez Ismene, la fit venir loger dans son Palais, où il luy fit faire sa chambre: Au bout de quelque temps cela ralluma la jalousie d'Olimpe, qui estoit d'ailleurs entretenuë par plusieurs personnes des discours d'Ismene, qui estoient à la verité vn peu libres, & elle en parloit auec peu de respect, si bien que la bonne intelligence qui estoit entre-elles, commençoit fort à se perdre. Elles estoient toutes deux grosses, & Alcandre bien empesché d'estre biẽ auec elles: il portoit le respect à Olimpe auquel le lieu qu'elle tenoit l'obligeoit; mais il se plaisoit d'auantage en la compagnie d'Ismene: Ce qui faisoit que chacun pour ne luy pas déplaire l'alloit visiter; ce qu'Olimpe trouuoit fort mauuais; elles estoient logées si prés l'vne de l'autre, que l'on ne s'en pouuoit cacher, & que c'estoit vne broüillerie perpetuelle.

Argie cependant se maintenoit auec Ismene à force de presens estant bien asseurée que sa Maistresse trouuoit tout-bon d'elle.

Il estoit venu auec le train de la Reyne vn Gentilhomme Etrurien qui faisoit l'amour à Argie: ie ne dis pas qu'il en fust amoureux estant telle qu'on ne pouuoit seulement la regarder, mais l'entiere faueur qu'elle auoit aupres d'Olimpe, la faisoit desirer de plusieurs: celuy-cy nommé Pisandre fut en cela le plus heureux, pource qu'il luy pleut dauantage, & qu'elle se le choisit pour mary, croyant que cela luy fust auantageux (estant quasi née de la lie du peuple) d'espouser Pisandre qui veritablement estoit Gentilhomme en son pays; mais il y auoit bien de la difficulté de paruenir à ces nopces, le Roy ne l'aymant pas

& estant hay de tous ceux de la Maison de la Reyne, & Olimpe ne voulant pas s'hazarder d'en parler de peur d'estre refusée. Pisandre & Argie ayans donc consulté ensemble cette affaire, ils resolurent que Pisandre feroit la Cour à la Marquise Ismene, à qui le Roy auoit donné cette qualité dés sa premiere grossesse; & cela luy reüssit si bien qu'il pouuoit aller chez elle quand bon luy sembloit; elle luy faisoit bonne mine, & en effect elle n'estoit pas marrie d'obliger Argie, afin d'empescher Olimpe d'éclatter contr'elle. Apres qu'il eut pris assez d'accez aupres d'elle, il l'a supplia de faire trouuer bon au Roy qu'il espousast Argie: elle y fit quelque difficulté au commencement connoissant l'aduersion qu'auoit Alcandre pour ces deux personnes; mais enfin Argie l'en ayant prié & promis que la Reyne luy en parleroit, elle se resolut de faire reüssir ce mariage. Ce fut alors que la Reyne enuoya tous les iours à sa chambre pour sçauoir de ses nouuelles, & qu'elle luy fit part de tous ces presens qu'elle receuoit. Elle la traittoit mieux qu'aucune des Princesses, & tout cela alloit fort bien au gré d'Alcandre; mais il falloit attendre que la Reyne & la Marquise fussent accouchées deuant que faire ces nopces. Olimpe accoucha la premiere de ce Grand & Heureux Prince que nous auons veu regner si glorieusement, & la Marquise vn mois apres du Prince Arnede. Ces couches faites, il fut question de se resioüir l'Hyuer, la Reyne fit vn Ballet qu'elle estudia deux ou trois mois, la Marquise en estoit, dont, Alcandre fut si aise qu'il accorda le mariage de Pisandre, & permit que la Reyne luy donnast beaucoup. Cette bonne intelligence dura tout l'Hyuer & vne partie de l'Esté; mais les gens de la Cour ne pouuoient pas si longtemps demeurer dans le calme, chacun pensant tousiours profiter du changement & des troubles.

Alcandre auoit autresfois vn peu regardé vne sœur de la Duchesse Crisante, qui n'auoit pourtant d'autre beauté que la jeunesse & les cheueux. Celle-cy nommée Mirtille portoit vne extreme enuie à Ismene, qui luy auoit à son opiniõ osté la faueur d'Alcandre, ce qui la fit resoudre de la ruïner. Et comme elle estoit fort malicieuse, elle commença à mettre en pratique tout ce qu'elle put pour paruenir à son dessein, & en parla, à Olimpe, qui lassée de voir viure Ismene si audacieusement aupres d'elle fut bien aise d'entretenir Mirtille en cette humeur: Argie, qui n'estoit pas tousiours pres la Reyne, ne descouurit rien de toute cette intrigue, & Pisandre ne se vouloit point mesler parmy tout cela, se contentant de sa fortune presente. I'ay dit ailleurs qu'il y auoit long-temps que Filizel estoit amoureux d'Ismene, & il le deuint alors de Mirtille, qui le sçeut si bien cajoler qu'elle tira de luy des Lettres qui Ismene luy auoit escrites, où elle se mocquoit d'Alcandre & d'Olimpe, & le traittoit fort fauorablement. Quand Mirtille eut ces lettres en sa puissance, elle les monstra à la Reyne qui en fut si aise qu'elle ne le pouuoit dissimuler, elle fit des presens à Mirtille, & luy persuada de faire voir ces lettres à Alcandre : Au commencement elle n'y pouuoit consentir, voyant le grand credit d'Ismene & craignant son esprit ; mais enfin les persuasions d'Olimpe l'y firent resoudre. Milagarde, qui auoit introduit Mirtille chez la Reyne, ne peut d'abord descouurir, quoy qu'elle eust tres-bon esprit, d'où venoit ce bon visage qu'Olimpe, qui estoit assez froide à tout le monde, faisoit à Mirtille, aussi on se cachoit d'elle parce que cela ruïnoit son frere.

Apres que cette affaire eut traisné quelques iours, Mirtille trouuant le Roy à propos, le supplia qu'elle luy pust parler en particulier, ce qu'il trouua bon, & elle prenant sujet de luy parler d'affaires, le fut trouuer dans vne Eglise, & comme elle fut entrée dans la Chappelle où il estoit, il fit sortir tout le monde: Là elle luy monstra ce qu'il n'eust pas voulu voir, qui estoit ces belles lettres qui luy tesmoignoient l'infidelité & le mespris d'Ismene : elle luy dit ensuitte, que les obligations qu'elle auoit à sa bonté, & l'amour qu'elle auoit tousiours eu pour sa personne, n'auoient pû permettre qu'on luy celast l'outrage qu'on luy faisoit, luy qui estoit le maistre des autres & veritablement le plus honneste homme du monde.

Ce bon Prince qui se laissoit aisément flatter, & particulierement quand on luy parloit de son merite, remercia cette femme de son bon aduis, & impatient de faire éclatter sa colere enuoya par vn de ses confidens dire des injures à Ismene, luy reprochant sa perfidie, & protestant de ne la voir iamais.

A cette heure-là elle n'estoit pas logée dans le Palais, mais dans la ville, elle fut fort surprise de cette nouueauté, & neantmoins

moins conseruant assez d'esprit dans ce desordre, elle respondit froidement, *Comme ie suis asseurée de n'auoir iamais rien fait qui puisse offencer Alcandre, aussi ie ne puis deuiner ce qui l'oblige à me traiter si mal: I'espere que la verité & mon innocence me vangeront assez de ceux qui luy ont donné de fausses impressions de moy*: & sans luy dire autre chose se retira dans son cabinet, beaucoup plus troublée qu'elle n'auoit fait paroistre.

Cependant Florian ayant apris toute cette affaire, en aduertit aussi-tost Milagarde, & bien qu'il n'aymast Filizel, il preuoyoit le déplaisir qu'en auroit sa sœur si on n'y remedioit: ils en trouuerent donc vn moyen qui fut tel.

Floridor, Prince de la Susiane, auoit vn Secretaire qui contrefaisoit parfaitement toute sorte d'escriture: l'on resolut que Filizel soustiendroit que cét homme ayant recouuré de l'escriture d'Ismene, l'auoit si bien contrefaite, que Filizel qui estoit amoureux de Mirtille, & celle-cy haïssant mortellement Ismene, auoit resolu auec elle de faire les lettres qu'elle auoit monstrées au Roy. Ismene ayant sçeu tout cét expedient, enuoya supplier Alcandre de permettre qu'elle se justifiast, à quoy il fit quelque peu de difficulté au commencement, ne pouuant tenir sa colere, ny quitter son amour: il alla luy-mesme entendre ses raisons, qu'elle sçeut si bien deduire qu'il s'appaisa entierement contre elle. Mais Filizel fut contraint d'aller en Hongrie, où le Turc faisoit la guerre, Mirtille chez elle & le Secretaire en prison. Voila comme il est dangereux de donner des aduis à son maistre lors qu'il ne les demande pas: & Mirtille eut ce desplaisir de se voir priuée de son Amant qu'elle aymoit, & renuoyée chez elle auec honte quand elle y vouloit le moins aller; & outre cela elle se fit vne grande & puissante ennemie.

La hayne que la Reyne portoit à Ismene auoit fort paru durant cette broüillerie, car la tenant presque ruïnée, elle n'auoit pas manqué de trauailler pour l'acheuer, aussi furent elles depuis tousiours tres-mal ensemble, & Ismene luy rendoit tous les mauuais offices dont elle se pouuoit aduiser, ce qui faisoit quelquesfois tant de rumeur dans la Cour que cela la rendoit fascheuse; Olimpe ne pouuant souffrir ceux qui voyoient Ismene, & elle faisant tout le mal qu'elle pouuoit aux affidez d'Olimpe; mais enfin il suruint encor vn autre desordre Le Roy eut aduis qu'Isinene auoit quelque intelligence auec le Roy des Asturies, & la chose passa si auant qu'elle fut arrestée auec quelques-vns de ses plus proches parens ; mais pource que cela est de l'Histoire, ie n'en diray pas dauantage, sinon que Mirtille fut rappellée & Filizel reuint.

Ce fut en ce temps-là qu'Alcandre deuint amoureux d'vne ieune fille qu'il maria aussi-tost apres, & puis d'vne autre bien plus belle qu'il maria aussi pour la retirer d'vn lieu où elle estoit, estant d'accord auec le mary qu'il la quitteroit dés le soir des nopces, comme il fit.

Cependant Ismene eut sa grace & fut renuoyée en sa maison, & cette nouuelle Maistresse amusoit Alcandre & la Cour estoit fort calme.

Le Roy maria Milagarde auec vn Prince de la Maison Royale, Olimpe contribua beaucoup à ce mariage, Alcandre auoit reueu Ismene pour qui il auoit vne grande inclination, & cela s'estoit passé si secrettement qu'Olimpe ne l'auoit point sçeu, mais comme elle l'eut apris, ce fut vn estrange trouble, & tel qu'elle dit tout haut qu'elle deffendoit à toutes celles qui voudroient entrer en son cabinet de voir Ismene sur peine d'en estre bannies auec affront; ce qu'Alcandre ne trouua pas bon, mais il le falloit souffrir : Quelque temps apres le Roy tousiours galand deuint amoureux de la Duchesse de Silesie, Princesse d'vne tres-grande vertu & qui honoroit fort sa personne ; mais qui faisoit fort peu de cas de sa passion. La saison fut assez commode aux desirs d'Alcandre, pour ce qu'il vouloit faire baptiser les Princes ses enfans, & faisoit venir la Duchesse d'Athenes pour estre Marraine de l'aisné.

Cette Princesse estoit sœur d'Olimpe, & le Duc son mary proche parent du Duc de Silesie, si bien que cela obligea la Duchesse de Silesie de demeurer plus qu'elle n'auoit accoustumé à la Cour : Alcandre cherchoit tousiours l'occasion de luy pouuoir parler, & elle l'euitoit autant qu'il luy estoit possible ; mais bien souuent elle ne pouuoit l'empescher pour le respect qui luy estoit deu Enfin les Ceremonies estant acheuées, dont ie ne diray rien, cela estant assez connu ; déz le lendemain le Duc de Silesie & sa femme se retirerent quasi sans dire Adieu, & elle ne voulut plus reuenir à la Cour. Il se presenta vn voyage à Rome, où ce

Duc fut enuoyé, & sa femme le suiuit, si bien qu'il falloit qu'Alcandre oubliast cette fantaisie qui luy auoit esté tres-invtile, & tres-fascheuse, n'ayant accoustumé de trouuer tant de difficulté. Le voyage du Duc & de la Duchesse dura plus d'vn an; & estant de retour elle vint faire la reuerence à la Reyne où estoit Alcandre, qui luy fit fort mauuaise mine, & dit assez haut qu'il estoit vangé, & que la Duchesse estoit extremement changée, Elle n'en fit aucun semblant, & vescut tout le reste de sa vie de msme façon, & auec toute la modestie que peut auoir vne tres-honneste femme.

Le Roy estoit alors entierement raccommodé auec Ismene, & Olimpe la souffroit si impatiemment qu'ils auoient de grandes querelles: & quelque peine que les plus puissans & plus authorisez du Conseil pussent prendre, & quelque soin qu'ils eussent de leur remonstrer, que ces façons n'estoient pas seantes à la Majesté de leurs personnes: il se presenta vne occasion qui causa bien du bruit, & qui veritablement fut estrange; Ce fut qu'Alcandre & Olimpe estant allez en vne maison proche de Lutecie & separée par la riuiere, il falloit passer vn Bac: comme le Carrosse où ils estoient tous deux, accompagnez seulement de Milagarde & du Duc de Micene voulut passer, il versa dans la riuiere. Le Roy, ny le Duc de Micene n'en furent point moüillés, ayans assez à temps sauté pardessus les portieres du Carosse; mais les Dames beurent vn peu sans soif, & coururent fortune. Quelques iours apres Alcandre estant allé voir Ismene, elle luy dit qu'elle auoit esté en peine, craignant pour luy en cette cheute, & si elle y eust esté, le voyant sauué, pour le reste elle eust crié, *La Reyne boit*.

Olimpe ayant apris ce discours se mit en vne telle colere, qu'Alcandre & elle furent plus de quinze iours sans se parler; & fallut que les plus sages de ceux qui auoient plus de credit aupres du Roy l'appaisassent: Enfin cét accord fut fait, & il fallut faire vn Ballet pour se resioüir, dont Olimpe se voulut donner le plaisir en estant elle-mesme.

Cependant qu'on le proposoit, Alcandre qui faisoit fort bonne chere à Alcmene à cette heure-là (c'estoit cette Dame qu'il auoit fait quitter à son mary, comme i'ay desia dit) vouloit qu'elle fust du Ballet, & Olimpe ne le voulant pas, il fut rompu pour cette fois.

Alcmene estoit cependant aymée de Filizel, qu'elle ne traittoit pas mal; & leur malheur fut qu'Alcandre en eut aduis, qui alla aussi-tost chez Alcmene, pour luy reprocher sa perfidie; Elle qui ne sçauoit comme s'excuser, luy dit, que Filizel luy auoit promis mariage: Il retourna aussi-tost au Palais, enuoya querir la Princesse, mere de Filizel, se plaignit de luy, le menaça, & dit, qu'il le feroit punir rigoureusement, qu'il retomboit trop souuent dans ses fautes, & qu'il ne luy pouuoit pardonner, s'il ne tenoit ce qu'il auoit promis à Alcmene, qui estoit de l'espouser: qu'il pouuoit bien consentir que l'on espousast ses Maistresses; mais d'en faire les Galands, c'est ce qu'il ne souffrita pas, & que c'estoit encor à sa consideration qu'elle estoit sa parente, qu'il faisoit grace à son fils: Cette vieille Princesse glorieuse & colere luy respondit tant de choses, que cela acheua de l'irriter; de sorte qu'il enuoya des Gardes pour prendre Filizel qui s'estoit retiré, & l'affaire alla si auant, que tout ce que purent obtenir ses parẽs, fut qu'il sortiroit du Royaume pour n'y reuenir iamais, & aussi ne fut-il rappellé qu'apres la mort d'Alcandre. Le Duc de Micene estant mort vn peu auparauant toutes ces choses, le Roy se resolut de faire les doux yeux à sa veufue, ayant opinion que s'il estoit aymé d'vne Princesse, cela luy seroit plus aduantageux, que de se donner à toute heure à des femmes qui n'estoient pas de mesme condition, & qui le trompoient. Il se voulut seruir en cette occasion d'vn Seigneur de sa Cour, aussi accomply que nul autre de son temps, & dont l'esprit & le courage surpassoit de beaucoup tous ceux de son siecle, son nom estoit Doulas. Il descouurit donc son dessein à ce Cheualier qui iugea la chose difficile, & toutesfois il promit à Alcandre de luy en dire des nouuelles. Le voisinage de sa maison proche de celle où demeuroit la Duchesse, & son adresse firent qu'Alcandre luy donna cette Commission, & il s'y resolut pour s'en preualoir luy-mesme, si la Duchesse vouloit escouter, ce qu'il ne croioit pas; il fit pourtant si bien que contre le dessein qu'elle auoit fait, il l'a fit venir à la Cour, où Alcandre aprist luy-mesme que cette entreprise n'estoit pas facile, aussi ne la poursuiuit-il pas dauantage. Floridor estoit si amoureux d'Ismene, qu'il luy promit de l'espouser, & elle se voulant preualoir de sa passion, où pour renflammer Alcandre qui la negligeoit, où pour paruenir à ce mariage, fit proclamer des

des bancs entre Floridor & elle, changeant vn peu les noms. Cela estant venu à la connoissance d'Alcandre, il se mit en grande colere contre tous les deux, mais plus contre Floridor, de qui les parens firent tant de bruit, accusant Ismene d'auoir fait cette action d'elle-mesme sans son consentement, & pour le broüiller auec le Roy, que la chose ne passa plus auant, & Floridor s'en alla en son Gouuernement, ce qui assoupit cette rumeur. Mais comme Alcandre ne pouuoit viure sans quelque amour nouuelle, Olimpe ayant repris la volonté de faire le Ballet desia proposé entre les Dames nommées pour en estre, l'incomparable Florise en fut l'vne. Elle estoit si jeune alors qu'elle ne faisoit que sortir de l'enfance, sa beauté estoit miraculeuse, & toutes ses actions si agreables, qu'il y auoit de la merueille par tout; Alcandre la voyant danser vn dard à la main (comme par figure de Ballet) se sentit percer le cœur si violemment, que cette blessure luy dura aussi long-temps que la vie. Il faudroit vn Volume entier pour raconter tous les accidens de cét amour, que la mort de ce Prince termina rauy parmy les siens, dont il estoit aymé jusqu'à l'adoration.

ANNOTATIONS SVR L'HISTOIRE des Amours du Grand Alcandre.

Page 3. ligne 19. *VNe Comtesse, dont il estoit tres-amoureux.* C'estoit Madame de Grammont, autrement de Guiche, mere du feu Comte de Grammont, appellée plus bas Corisande; Elle estoit vefue alors de Philibert Comte de Grammont, qui ayant eu vn bras emporté d'vn coup de canon au Siege de la Fere, où commandoit le Mareschal de Matignon pour Henry III. Roy de France en 1580. mourut quelques iours apres de ses blessures, & fut fort regretté de tout le monde. Voyez de Thou en son Histoire Tome II. l. 72. p. 457.

p. 3. l. 22. *Philemon, qui auoit sa sœur aupres de cette Dame.*

p. 3. l. 25. *Par la maison d'vne Dame vefue, & qui tenoit grand rang.* Il veut dire la la Marquise de Guiercheuille, qui estoit alors ieune vefue de Henry de Silly Comte de la Rocheguyon, dont elle auoit des enfans.

p. 4. l. 10. *Et oublia de telle sorte Corisande.* C'est la Comtesse de Guiche ou de Grammont, de laquelle il a fait mention cy-dessus. Voicy en quels termes en parle Monsieur de Thou en son Histoire, Tome V. liure 101. p. 158. *Corisanda Andoina* Philiberti *Grammontani Comitis ad Faram Veromanduorum antè XI. annos interfecti vidua, olim Regi prædilecta; cùm se spretam indignaretur, vltionem quærens, inter Karolum Suessionem Regis patruelem, & Katharinam Regis sororem, de quibus matrimonio iungendis mentio olim iniecta fuerat, amores pœnè intermortuos secretis literis & plenis blanditiarum nunciis rursus accendit, ita vt passim iactaretur, nec omnino rumor vanus repertus est, ipsos ignaro Rege, vel etiam inuito, nuptias contracturos. Quod ad contemptum suum pertinere cùm indicaret Rex, & talia auderi quasi deploratis rebus suis cerneret, eo magis sibi enitendum existimabat, vt aliquo ingenti successu fortunæ suæ iacentis famam erigeret.* Voicy ce qu'en dit Maximilian de Bethune Duc de Sully, Tome I. Chapitre 18. page 59. de ses Memoires. Ce Prince (c'est Henry IV. Roy de France, & alors seulement Roy de Nauarre) estoit lors au plus chaud de ses passions amoureuses vers la Comtesse de Guiche, laquelle estant allé voir en vn lieu nommé Agemau, il receut nouuelles d'vn Espagnol nommé Dom Bernardin de Mendosse, &c.

p. 4. l. 20. *Vne belle & ieune Abbesse du Mont de Mars.* Elle s'appelloit Marie de Beauuilliers, Abbesse de Montmartre pres de Paris. Elle estoit fille de Claude de Beauuilliers, Comte de sainct Aignan, Gouuerneur d'Anjou, & de Marie Babou, fille de Iean Babou Seigneur de la Bourdaisiere, & de Françoise Robertet. Elle eut pour frere Honorat de Beauuilliers Comte de sainct Aignan, pere du Comte de sainct Aignan d'apresent, & pour sœurs

Anne de Beauuilliers, femme de Pierre Forget Seigneur de Fresne, Secretaire d'Estat sous Henry IV. & N. Beauuilliers Abbesse du Pont aux Dames.

p. 4. l. 26. *Auec vn Illustre Cheualier qui auoit grande charge en Cour.* Nommé Charles du Plessis Seigneur de Liencour, Comte de Beaumont, premier Escuyer & Gouuerneur de Paris, qui espousa la Marquise de Guercheuille, vefue du Comte de la Rocheguyon, laquelle a laissé des enfans de ses deux maris.

p. 5. l. 25. *L'vne d'elles nommée Eliane ieune & fort belle.*

p. 5. l. 33. *Le pere de Crisante.* Iean d'Estrée Marquis de Cœuures, & auoit espousé Françoise Babou de la Boudaisiere, mere de Crisante.

p. 5. l. 35. *Sceuole Cheualier de grand merite.*

p. 6. l. 31. *Se retira en la maison de son pere.* A Cœuures pres les Villes de Soissons & Laon.

p. 7. l. 9. *Sa sœur nommée Dalinde.* On la nommoit Iuliette Hippolite d'Estrée, femme de Georges de Brancas Marquis de Villars.

p. 7. l. 25. *Ce vieillard estoit Gouuerneur de la Prouince.* Ie croy que c'estoit de l'Isle de France.

p. 7. l. 36. *Vne memorable bataille.* Ce fut la bataille de Senlis, où le Duc d'Aumale & les Parisiens, qui assiegeoient cette place, furent deffaits par les Duc de Longueuille, la Noüe, Humieres, Giury, & autres Seigneurs du parti du Roy Henry III. qui estoient accourus au secours, le 17. de May de l'an 1589.

p. 7. l. 29. *Vn ieune Seigneur nommé Napoleon.* Il s'appelloit en son veritable nom Gilles de Conflans, Seigneur d'Armentieres, fils du Vicomte d'Auchy: c'est pourquoy il faut corriger dans l'Histoire de Monsieur de Thou, Tome 4. liure 95. page 440. *Ægidius Auxius Armenterius*, au lieu de *Ægidius Vrsinus Armenterius.*

p. 8. l. 8. *La belle Dioclée.*

p. 8. l. 12. *Le mary de cette Dame nommé Polidor.*

p. 8. l. 23. *Prit la Ville de Larisse, dont il donna le Gouuernement à Polidor.*

p. 9. l. 5. *Petarder vne petite ville, &c.*

p. 10. l. 2. *Vne mousquetade qu'il receut dans la teste à l'entrée d'vne Ville.* Cet estrange accident arriua en l'an 1595. à l'entrée que ce Prince fit à Dourlens, où il fut tué d'vne mousquetade en vne salue d'honneur qui luy fut faite par la garnison. Voyez Monsieur de Thou en son Histoire, Tome v. liure cxii. page 540. Il auoit espousé Catherine de Gonzague fille de Ludouic de Gonzague Duc de Neuers, duquel mariage est yssu Henry d'Orleans Duc de Longueville encore viuant.

p. 10. l. 7. *Il se presenta vn Gentilhomme du pays tout propre à cette alliance.* Il s'appelloit Nicolas d'Amerual Seigneur de Liencour.

p. 10. l. 30. *Le mary de Lydie.* Son nom estoit François d'Escoubleau, Marquis de Sourdis.

p. 10. l. derniere. *Dans vn Chasteau extremement fort.* Vsson fort Chasteau en Auuergne.

p. 11. l. 11. *Cependant la Princesse Graßinde sœur d'Alcandre, vouloit se marier auec le Prince Palamede, ieune & beau, &c.* De l'origine des Amours entre Charles Comte de Soissons, & Catherine Princesse de Nauarre, sœur de Henry IV. Roy de France & de Nauarre, Monsieur de Thou en son Histoire, Tome IV. liure 87. page 180. en parle en ces termes. *Interea Na-*
A. 1587. *uarrus ad Monsorellum copias, & Carolum Borbonium Sueßionum Comitem, Condæi fratrem, ad se venturum opperiebatur. is magni animi iuuenis, cum Regis & eorum, qui circa Regem erant, siue dißimulatione siue patientia regiam Maiestatem sensim labe factari, regij sanguinis principum nomen apud omnes ordines vilescere; contra in dies Guisianorum gratiam ac potentiam augeri cerneret, quamquam maiorum religioni addictus, cum regni non religionis causam in hoc bello agi crederet, facile sibi persuaderi passus fuerat, vt ad Nauarri partes pro regni salute & regio nomine tuendo transiret, præsertim conditionibus perhonorificis à Petro Delbenio Abbate oblatis, qui spem fecerat vt Catharinã Nauarri sororem in vxorem pro præmio acciperet.* Le mesme Autheur au mesme Tome liure 92. page
A. 1588. 344. *Ad dolorem tantum acceßit atrox Sueßionis iniuria, quæ ad contemptum Regis pertinebat. Is superiore anno, spe de Catharinæ Nauarri sororis nuptiis facta, ad ipsum inconsulto Rege transierat, & Curtracenæ pugnæ ac nuper expeditioni ad Maranum recipiendum susceptæ interfuerat. inde cum spe illarum nuptiarum exeidisset, repulsam ad animum reuocans, relicto Nauarro ad Regem paullo ante redierat, qui venia petenti concessa eius excusationes, cur ad Nauarrum transiisset, in bonam partem accipere visus est.* Au Tome V. liure 105. page 314.
A. 1593. & 315. *Cum & Rex in Turones excurrisset, vt Catharinam sororem è Benearni pago venientem honorificentius exciperet. matrimonij interea & Carolum Borbonium Sueßionum Comitem patruelem antè septennium iniecta mentio, cum ille deserto Rege ad Nauarrum se contulit, postea non sine occulta eius offensione abrupta, ab eo tempore per occultos nuncios renouata ac semper repetita est sine fratris permissu, nec tamen eo omninò ignaro. Corisanda Andoina Guichia Philiberti Grammontani Comitis ante XIII. annos ad Faram Veromanduorum interfecti vidua; quod à Regis gratia, in qua olim floruerat, excidisset, spretæ formæ vltionem quærens, igniculos inter tanto locorum spatio dißitos in arcano alebat, & superiore anno Sueßionensi persuaserat, dum Rex ad Rotomagi obsidionem hæreret, vt captata ex matris morbo, quæ Cæsaroduni erat, occasione, in Turones propere reuolaret, & inde quam citißimè antequam Rex de ipsius profectione posset cognoscere, Benearni pagum veniret: quod cùm ille fecisset, res parum ab exitu abfuit. secretis pollicitationibus inter vtrumque initis & vtriusque manu subscriptis. Sed antequam nuptiæ celebrarentur, superuenêre qui à Rege mißi erant, qui Senatûs*

Prouincia

Prouinciæ intercedente auctoritate eas diremerunt, & Suessionem Podio excedere coëgerunt. Rex propterea sororem ad se euocauerat, cui & obuiam Salmuriam vsque exeunte Februario profectus est, euocato pariter ex Armorica Henrico Borbonio Monpenserio, quem maritum sorori destinabat. De ces mesmes amours, Monsieur de Sully en ses Memoires, Tome 1. chap. 24. p. 61. en escrit de cette façon. Monsieur le Comte de Soissons d'autre costé qui estoit venu trouuer le Roy de Nauarre, plustost pour espouser sa sœur que ses affections ny son party qu'il tenoit, ne pouuoit pas auoir longue subsistance, fondant ses opinions sur ce qu'il voyoit le Pape, l'Empereur, le Roy d'Espagne, & quasi toute la France buttez à l'entiere destruction des Huguenots; & qu'ayant espousé Madame Catherine, il se retireroit à la Cour, & s'approprieroit tous les grands biens, que cette Maison de Nauarre auoit deça la riuiere de Loire, & sur ce projet faisoit de continuelles instances & sollicitations, afin que le Roy de Nauarre le voulût mener voir sa Maistresse en Bearn; lesquelles instances rencontrant pour complices de telles passions dans l'esprit du Roy, l'amour qu'il portoit lors à la Comtesse de Guiche, & la vanité de presenter luy-mesme à cette Dame les Enseignes, Cornettes & autres despoüilles des ennemis, qu'il auoit fait mettre à part pour luy estre enuoyées, il prit pour pretexte de ce voyage, l'affection qu'il portoit à sa sœur & au Comte de Soissons: tellement qu'au bout de huict iours tous les fruicts esperez d'vne si grande & signalée victoire, s'en allerent au vent & en fumée, & au lieu de conquerir l'on vid toutes les choses deperir; le Roy de Nauarre & le Comte de Soissons se mettant si mal ensemble par rapports & soupçons, que depuis ils se separerent quasi comme ennemis. Le mesme Monsieur de Sully en ses Memoires, Tome 1. chap. 34. pages 98. & 99. Vous vous souuiendrez que le Roy dés l'année 1585. se voyant tomber sur les bras cette grande guerre de la Ligue; & ne se voyant en estat de pouuoir auoir des enfans, à cause de ce qui se passoit entre luy & sa femme, ny aussi de se pouuoir démarier à cause qu'il luy eust fallu passer par les mains du Pape; il se mit à regarder sa sœur comme sa certaine & vnique heritiere, & se resolut de la marier comme telle à quelque Prince dont l'humeur luy reuint, & en pust faire estat comme d'vn fils: & ne voyant nul Prince en France, ny dehors d'icelle, qui apparemment pust auoir les conditions plus sortables à ses desirs que Monsieur le Comte Soissons, il luy fit proposer ce dessein, lequel comme luy estant honorable & vtile tout ensemble, il tesmoigna aussi-tost de le vouloir embrasser, tellement qu'apres plusieurs entremises il se vint ranger aupres de luy, comme il a esté dit cy-deuant, & apres la bataille de Coutras s'en allerent en Bearn voir Madame Catherine, où il s'engendra des amours reciproques; mais quelques langages, ou procedures dont vsa Monsieur le Comte de Soissons; ou quelques aduis soient vrais ou faux, que le Roy receut de la Cour, que Monsieur le Comte en estoit party par concert fait auec ses ennemis de venir espouser sa sœur, & puis le quitter là, & se preualoir de ce mariage, pour ioüir de tous les biens qu'il auoit, où il estoit sans puissance, sans se soucier que deuint sa fortune, sa personne, & sa vie (car ce sont les mesmes propos que vous nous auez dit auoir esté tenus par le Roy, lors que sur le sujet de la mort de Monsieur de Guise, & les longueurs qui s'interposoient à l'accomplissement de son mariage, il quitta tout à fait le Roy de Nauarre) auec de mauuaises paroles de toutes parts, & peu d'esperance de reconcilier iamais bien ces deux esprits. Or nonobstant cette separation l'amour ne laissa pas de se continuer entre Madame & Monsieur le Comte de Soissons, & telles intelligences basties entre eux qu'ils resolurent de se marier à la premiere commodité, sans attendre ny requerir le consentement du Roy, lequel estoit embarqué en ce grand & long siege de Roüen: les deux amoureux iugerent que c'estoit le temps le plus propre pour executer ce qu'ils auoient projetté ensemble par lettres, & messages & l'intelligence de plusieurs des hommes & femmes qui estoient prés de Madame. Et pour cét effet ayant preparé des cheuaux par relais, faisant semblant de s'en aller seulement iusqu'à Nogent, il passa iusqu'en Bearn; mais il ne pûrent estre si fins, ny leurs affaires maniées si secrettement, que le Roy n'en eust quelque vent; ny luy faire si bonne diligence qu'à son arriuée il ne trouuast le sieur de Pangeas, & plusieurs autres auec pouuoir du Roy pour s'opposer à tous leurs desseins, de telle sorte que Monsieur le Comte fut chassé du pays, & contraint de s'en reuenir sans rien faire. Le mesme Monsieur le Duc de Sully en ses Memoires Tome 1. chap. 44. page 126. Nous reprendrons succintement ce qui a esté cy-deuant dit du voyage de Monsieur le Comte de Soissons en Bearn pour espouser Madame sœur du Roy malgré luy, & quoy que sa Majesté y eust pourueu, comme il a esté dit, neantmoins si ne pût-il empescher que par le moyen de la Comtesse de Guiche (laquelle estoit irritée contre luy & se plaisoit à le fascher, pource que l'ayant aimée, non seulement il ne l'aimoit plus & en aimoit d'autres, mais mesme encore auoit honte à cause de la laideur où elle estoit venuë que l'on dit qu'il l'eust aimée) ils ne se vissent & ne s'entredonnassent des promesses de mariage, lesquelles le Roy desiroit non seulement retirer, mais aussi leur faire bailler vne declaration qu'ils se quittoient l'vn l'autre, & reuoquoient toutes les promesses qu'ils s'estoient faites tant de bouche que par escrit: & auoit le Roy vne telle passion à cette affaire, pource que quelques malins luy auoient mis en teste, que ce mariage mettroit sa vie en danger, s'il en venoit des enfans, que vous ne l'auiez iamais veu parler d'affaires auec telle violence, &c.

p. 11. l. 16. *Ayant resolu de la donner au Duc de Micene.* Voyez le Chapitre LXIV. p. 311. 312. 313. 314. 315. iusques à 321. & le Chapitre 65. du 1. Tome des Memoires de Monsieur de Sully, touchant le dessein du Roy, & l'acheminement d'iceluy pour le mariage de Madame sa sœur auec le Duc de Montpensier.

p. 11. l. 22. *Graßinde arriua en la ville de Larisse.* Ie croy que c'est Mante que Monsieur de Sully Tome 1. ch. 40. p. 104. de ses Memoires, dit auoir esté comme le Paris du Roy alors. Monsieur de Thou en son Histoire Tome 5. liure 105. p. 315. asseure qu'il y laissa sa sœur. *Rex vbi de Nouioduni ob-*

fidione cognouit, cum Catharina sorore ex Turonibus profectus, in Carnutes redit, & cum omni aulæ Comitatu Medontam tendit, eóque loco relicta sorore in Picardiam excurrit.

p. 11. l. 33. *Le principal du Conseil d'Alcandre.* Il veut dire le Chancelier de Chiuerny, qui par sa Charge & d'ancienneté est Chef ordinaire du Conseil du Roy, au defaut ou en l'absence du Connestable.

p. 12. l. 1. *En ce temps-là mourut fort tragiquement la mere de Crisante.* Elle fut tuée à Issoire en Auuergne, où le peuple s'émût contr'elle, en haine du Marquis d'Alegre qui l'entretenoit. Elle estoit de la maison de Babou de la Bourdaisiere, & s'appelloit Françoise de Babou de la Bourdaisiere.

p. 12. l. 12. *Arsure la plus confidente des femmes de Crisante.* C'estoit la Rousse, de laquelle Monsieur de Sully fait mention en ses Memoires Tome 1. ch. 90. p. 421. & 422. Si nous voulions vous ramenteuoir, non pas tout ce qu'vne certaine femme nommée la Rousse & son mary, lesquels auoient long-téps seruy cette Dame, & que vous auez gardez six ans prisonniers à la Bastille, pour auoir parlé trop librement des actions & vie d'icelle, vous en auoient dit, (car vous le teniez secret) mais seulement ce qu'elle en contoit à nous autres lors que nous luy voulions donner audience (car c'estoit toute sa delectation que de pouuoir trouuer qui la voulust escouter là dessus) mais le respect de cette Dame, de ses enfans & parens, la memoire de l'amitié que le Roy luy a portée, & l'animosité que cette Rousse & son mary tesmoignoient contr'elle, qui nous rend suspect de fausseté la pluspart de ce qu'ils en disoiét, nous impose silence & nous fait contenter de vous ramenteuoir, &c.

p. 13. l. 17. *De son nepueu fils de son frere.* C'estoit Charles Duc de Guise, fils aisné de celuy qui fut tué à Blois en 1588.

p. 13. l. 20. *De son autre frere.* Qui estoit Charles Duc de Mayenne ou Maine, Chef de la Ligue, apres la mort de son frere, appellé cy-dessus Sertorius.

p. 13. l. 22. *Vn Cheualier du party d'Alcandre.* Ie soupçonne fort que ce fut Monsieur de Giury, à cause de ce qui est remarqué plus bas qu'il faisoit passer des viures dans Lutecie pour plaire à Polinisse, & à Milagarde.

p. 13. l. 34. *Ayant mesme fait passer des viures dans Lutecie.* Monsieur de Thou en son Histoire Tome 5. l. 98 p. 68. *Charentonio & Confluentiæ, qui vicus est ad quem Matrona in Sequanam exoneratur, impositus Annas Anglurius Giurius cum valido equitum & peditum præsidio, ex omni natione attributis delectis copiis ac aliquot tormentis, vt iusti exercitus speciem præsidium illud referret, munitis circum castris & strato pontibus fluuio. Ipse verò amœno iuxta & eleganti vir ingenio, qui imperator dici gauderet, dum comitatis officiis cum Caietano, Nemorosia, Monpenseria, Guisia, viduis, aliisque belli ducibus, qui in vrbe erant, certat, & pane, carnibus aliísque bellariis crebrò summißis extremam neceßitatem inscio Rege moratur, obsidionem in longum extraxisse creditus est, eiúsque exemplo plerique eadem humanitate erga obseßos vsi, postremo Regis conatum irritum reddiderunt.*

p. 15. l. 24. *Le frere de Milagarde sortit de prison où il auoit tousiours esté depuis la mort de son pere.* Charles de Lorraine, Duc de Guise par la mort de son pere tué à Blois par le commandement du Roy Henry III. en 1588. fut emprisonné à l'instant mesme, & conduit dans le Chasteau de Tours, duquel il se sauua depuis le 15. d'Aoust 1591. par vn gentil stratageme, & se rendit à Paris où il fut receu auec grande ioye.

p. 15. l. 32. *Pour aller en vne de ses maisons.*

p. 17. l. 30. *Estant allé assieger vne ville.* C'estoit Laon en Picardie, qui fut assiegée le 25. de May, & renduë le 22. de Iuillet 1594.

p. 17. l. 31. *Crisante accoucha d'vn fils.* Il fut nommé Cesar & portoit le tiltre de Monsieur, & depuis a esté fait Duc de Vendosme, & vit encores à present.

p. 17. l. 32. 33. *Luy fit quitter le nom de son mary, luy bailla le titre de Marquise.* au lieu de Madame de Liancourt il la fit appeller la Marquise de Monceaux.

p. 18. l. 2. *Le vieil amoureux de cette femme.* Qui estoit le Chancelier de Chiuerny.

p. 18. l. 8. *La Reine lors femme d'Alcandre.* C'estoit Marguerite de France, sœur des trois derniers Rois de la Branche des Valois, & premiere femme du Roy Henry IV. de France & de Nauarre.

p. 18. l. 23. *Qui fut Damon.* I'ay conjecturé par beaucoup de raisons, que c'estoit le Duc d'Espernon, grand fauory du Roy Henry III. & pere du Duc d'Espernon d'auiourd'huy.

p. 19. l. 11. *Vn de ses valets de chambre.* Ce fut Armagnac ou Pierre Beringhem premier valet de Chambre.

p. 19. l. 20. *Commanda aux Capitaine de ses Gardes.* Ie suis en peine de sçauoir qui il estoit; ie soupçonne que ce soit Charles de Choiseul sieur Praslin, qui depuis a esté Mareschal de France.

p. 19. l. 31. *Aux grandes dignitez qu'il auoit lors qu'il mourut.* Ces mots me persuadent clairement, que ce n'estoit ny Monsieur de Vitry, ny Monsieur de la Force, alors Capitaines des Gardes de sa Maiesté, parce qu'ils ne sont morts que long-temps apres le Roy Henry IV.

p. 19. l. derniere. *De ne reuenir point qu'il ne fust marié, & qu'il n'amenast sa femme.* Elle s'appelloit Anne de Bueil, & estoit fille & vnique heritiere de Honoré de Bueil sieur de Fontaine tué à sainct Malo, quand la ville se declara pour la Ligue. De Thou liure 111. page 502. & 503.

p. 20. l. 8. *Et de tres-illustre maison.* De la maison de Budos. Elle estoit fille de Iacques de Budos Vicomte de Portes, & de Catherine de Clermont.

p. 20. l. 21. *Laissa vn fils & vne fille.* L'vn s'appelloit Henry II du nom Duc de Montmorency, Pair & Mareschal de France, qui fut decapité à Toulouse par Arrest du Parlement en Octobre 1632. l'autre nommée Charlotte Marguerite de Montmorency espousa Henry de Bourbon, Prince de Condé, premier Prince du Sang, decedé en 1646. duquel sont sortis les Princes de Condé & de Conty, & la Duchesse de Longueville, qui sont pleins de vie.

p. 20.

p. 20. l. 24. *Qui eut vne fille durant tout cela.* Catherine Henriette legitimée de France, qui fut mariée en 1619. auec Charles de Lorraine Duc d'Elbœuf Pair de France, duquel mariage sont issus plusieurs enfans, viuans à present aussi bien que le pere & la mere.

p. 20. l. 25. *Bien-tost apres vn fils.* Depuis appellé Alexandre de Vendosme, Grand Prieur de France, mort prisonnier au Chasteau de Vincennes durant le regne de Louys XIII.

p. 20. l. 30. *Chassa vn des principaux de son Conseil.* Nicolas de Neufville, Seigneur de Villeroy, Secretaire d'Estat, soubs les Rois Charles IX. Henry III. Henry IV. & Louys XIII.

p. 20. l. 35. *Vn tres-habile homme de son Conseil.* Nicolas Brulart, Conseiller du Roy en ses Conseils, President en la Cour de Parlement, & depuis Chancelier de France soubs les Rois Henry IV. & Louys XIII. qu'on appelloit communément Monsieur de Sillery. Voyez Monsieur de Sully en ses Memoires Tom. 1. ch. 81. p. 392.

p. 20. l. 36. *Qu'il auoit fait Duchesse.* Du nom de Beaufort.

p. 21. l. 10. *Vn homme, qui estoit à la Cour il y auoit long-temps, se maria pour lors auec vne femme, qui auoit de grands enfans de luy.* Cet homme estoit Antoine de Roquelaure Mareschal de France.

p. 21. l. 24. *Le Cloistre des Chanoines de la Paroisse du Palais Royal.* Le Cloistre de sainct Germain de l'Auxerrois.

p. 21. l. 26. *Vne Eglise à vn des bouts de la ville.* Eglise du petit sainct Antoine size en la ruë sainct Antoine à Paris.

p. 21. l. 36. *Vn de ses Secretaires d'Estat.* Pierre Forget, sieur de Fresne, Secretaire d'Estat.

p. 21. l. 37. *Pour auoir espousé vne de ses parentes.* Sçauoir Anne de Beauuilliers, dont la mere Marie de Babou estoit de la mesme maison que celle de la Duchesse de Beaufort, & auoit espousé Claude de Beauuilliers Comte de sainct Aignan.

p. 22. l. 15. *En vne de ses maisons.* A Fontainebleau.

p. 22. l. 19. *Iusques à six lieuës de Lutecie.* A Essonne, Monsieur de Thou liure 122. dit qu'il vint iusques à Ville-Iuifue. Les Memoires du Chancelier de Chiuerny à Villeneuue S. George.

p. 22. l. 21. *Que Crisante estoit morte.* De la mort de la Duchesse de Beaufort, voyez ce qu'en a escrit le President de Thou en son Histoire liure 122. p. 865. Le Chancelier de Chiuerny en ses Memoires depuis la page 322. iusques à 330. Monsieur de Sully en ses Memoires Tom. 1. chap. 90. page 420. iusques à 425. où il en rapporte des particularitez fort curieuses & fort notables.

p. 22. l. 24. *Le Duc de Ponty, qui estoit de tres-bonne compagnie.* Ie ne sçaurois deuiner qui c'estoit, Monsieur de Sully dit seulement au chap. sus-allegué page 424. que le Roy ayant receu la seconde lettre, qu'on luy escriuoit sur cét accident, amy chemin, il s'estoit arresté tout court, disputant en luy-mesme s'il iroit voir cette femme que l'on luy mandoit estre morte, ou s'il s'en retourneroit à Fontainebleau: Surquoy apres que Messieurs d'Ornano, de Roquelaure, de Frontenac, & autres particuliers seruiteurs luy eurent persuadé de s'en retourner, il l'auoit appellé au milieu de la campagne & commandé à la Varenne de le venir trouuer, & dire ce qu'il auoit entendu de luy. Ce pourroit estre Monsieur d'Ornano.

p. 22. l. derniere. *Celuy qui estoit allé à Rome pour faire agréer le mariage de Crisante.* Monsieur de Sillery Ambassadeur à Rome pour le Roy Henry IV.

Depesches & instructions du sieur de Sillery-Brulart enuoyé pour estre Ambassadeur à Rome à l'instante sollicitation de Madame la Duchesse de Beaufort, à laquelle il s'estoit engagé de parole de faciliter en bref la dissolution du mariage du Roy, son mariage auec elle, & la legitimation des enfans qui luy estoient desia nez, pour estre estimez enfans de France, & elle à luy en ce cas de luy faire auoir les Sçeaux à son retour, nonobstant les interests de sa bonne tante de Sourdis, & l'Office de Chancelier lors qu'il viendroit à vacquer. Sully en ses Mem. ch. 81. p. 392. Tome 1.

p. 23. l. 6. *En l'vne des belles maisons d'Alcandre.* Au Chasteau de sainct Germain en Laye.

p. 23. l. 16. *Le Roy soupoit à la ville.* proche l'Arsenal au logis du sieur Sebastien Zamet, que le Roy par familiarité appelloit Bastien.

p. 23. l. 32. *D'vn petit Estat.* Du Marquisat de Saluces qu'il auoit vsurpé sur la France par surprise, durant la tenuë des Estats de Blois, du viuant du Roy Henry III. en l'an 1588.

p. 24. l. 14. *Au Duc son oncle.* A Ferdinand de Medicis Grand Duc de Toscane, oncle paternel de la Princesse.

p. 24. l. 22. *Le Duc de Velitre son cousin germain.* Virginio de Gl'vrsini, ou Vrsin, estoit fils de Paul-Iourdain Vrsin, Duc de Bracciano, & d'Elisabeth ou Isabel de Medicis, sœur de François & Ferdinand de Medicis Grands Ducs de Toscane, & partant cousin germain de Marie de Medicis Reyne de France, qui estoit fille du grand Duc François de Medicis.

p. 24. l. 23. *Elle fut receuë par deux Cardinaux.* L'Histoire du temps en met quatre, sçauoir; François de Ioyeuse, Pierre de Gondy, Anne d'Escars, C. de Giury, François d'Escoubleau, C. de Sourdis.

p. 24. l. 24. *Par le Chancelier.* Pompone de Bellievre, qui auoit succedé depuis vn an en cette Charge au Chancelier de Chiuerny.

p. 24. l. 24. *Prince de la Susiane, Gouuerneur de la Prouince.* Charles de Lorraine Duc de Guise, Gouuerneur de Prouence.

p. 24. l. 25. *Par les Princesses des Armoriques.* Elles estoient trois sœurs, sçauoir, Henriette de Rohan, Catherine de Rohan, mariée depuis à Iean de Bauiere Duc des Deux-Ponts, Comte Palatin du Rhin, & Anne de Rohan, & ont eu pour freres Henry Duc de Rohan mort en 1638. & Benjamin de Rohan Duc de Soubise, decedé en Angleterre durant le regne de Louys XIII.

p. 24. l. 36. *Iusques à la ville où Alcandre la vint trouuer.* Ville de Lion.

p. 25. l. 22. *Dame d'atour nommée Leriane.* Il faut sçauoir des Courtisans de ce temps-là qui elle estoit, ne l'ayant pû apprendre de l'Histoire.

p. 25. l. 35. *Cette vieille Princesse.* Il entend la Duchesse des Armoriques, qui estoit, comme ie croy, Catherine de Parthenay Dame de Soubise, fille & vnique heritiere de Iean l'Archeuesque Seigneur de Soubise, mere de Henry Duc de Rohan Pair de France, mort en Allemagne en 1638. & veufue de René II. Vicomte de Rohan seulement, quoy qu'elle soit icy appellée Duchesse, plustost & apparemment à cause de son fils, que de son mary.

p. 27. l. 4. *A la Marquise Ismene, à qui le Roy auoit donné cette qualité.* Madamoiselle d'Entragues Marquise de Vernüeil. Voyez ce qu'en dit le Duc de Sully en ses Memoires Tom. 1. ch. 92.

p. 27. l. 21. *De ce grand & heureux Prince.* Louys Dauphin, & puis XIII. du nom Roy de France & de Nauarre.

p. 29. l. 12. *Vn Secretaire qui contrefaisoit toute sorte d'escriture.*

p. 30 l. 2. *Qu'elle fut arrestée auec quelques-vns de ses plus proches parens.* Qui estoient François de Balsac Seigneur d'Entragues, son pere, & Charles de Valois Comte d'Auuergne, & depuis Duc d'Angoulesme, fils naturel du Roy Charles IX. & frere vterin de la Marquise de Vernüeil, estant tous deux enfans de Marie Touchet natifue d'Orleans. Voyez l'Histoire du President de Thou liure 132. p. 1133. & 1134. & au liure 134. p. 1182. & 1183.

p. 30. l. 6. *Alcandre deuint amoureux d'vne fille qu'il maria aussi-tost.*

p. 30. l. 9. *D'vne autre bien plus belle.* Qui estoit la Comtesse de Moret.

p. 30. l. 9. *Estant d'accord auec le mary qu'il la quitteroit dés le soir de ses nopces.* Ce mary pretendu estoit Philippes de Harlay Comte de Cesis, qui a esté long-temps Ambassadeur pour le Roy à Constantinople, & est mort âgé de 71. an, au mois de May de la presente année 1652.

p. 30. l. 11. *Fut renuoyée en sa maison.* à Vernüeil.

p. 30. l. 14. *Maria Milagarde auec vn Prince de la Maison Royale.* Il veut dire François de Bourbon Prince du Sang & de Conty.

p. 30. l. 29. *Cette Princesse estoit sœur d'Olympe, & le Duc son mary proche parent du Duc de Silesie.* Elle estoit sœur aisnée de Marie de Medicis Reyne de France, & mariée à Vincent I. Duc de Mantoüe & de Montferrat, cousin germain de Charles de Gonzague Duc de Neuers, & depuis Duc de Mantoüe mort en l'an 1637.

p. 31. l. 18. *Allez en vne maison proche de Lutecie.* A sainct Germain en Laye, maison de plaisance des Rois de France.

p. 31. l. 19. *Il falloit passer en vn bac.* Le bac de Nully. Cét accident fut cause qu'on y bastit quelque temps apres vn pont de bois, pour y passer la riuiere de Seine.

p. 32 l. 12. *Que c'estoit encore à sa consideration qu'elle estoit sa parente.* Elle estoit sa cousine germaine, & fille de Marguerite de Bourbon sa tante paternelle, qui de son mariage auec François de Cleues, Duc de Niuernois, eut entr'autres enfans cette-cy nommée Catherine de Cleues, premierement mariée à Antoine de Croy Prince de Porcian, puis à Henry de Lorraine Duc de Guise tué à Blois en 1588.

p. 32. l. 24. *D'vn ieune Seigneur de la Cour außi accomply que nul autre de son temps, &c.* Son nom estoit *Dorclas*.

p. 32. l. 28. *Le voisinage de sa maison proche de celle où demeuroit la Duchesse*

p. 33. l. 17. *Il faudroit vn volume entier.* Voy celuy qu'en a escrit le Cardinal Bentiuoglio en Italien intitulé, *Relatione della fuga del Principe di Condé.*

CLEF OV EXPLICATION des noms propres deguisez dans l'Histoire des Amours d'Alcandre.

A

1. Alcandre.	1. Henry de Bourbon Roy de France IV. du nom, & de Nauarre.
2. Alcmene.	2. Iacqueline de Buëil, Comtesse de Moret, que le Roy Henry IV. maria à Monsieur de Cesis, qui s'appelloit Philippes de Harlay, mort âgé de 71. en 1652.
3. Almidor.	3. Anne d'Anglure Seigneur de Giury, qui espousa depuis Marguerite Hurault fille du Chancelier de Chiuerny.
4. Antenor.	4. Philippes Hurault, Comte de Chiuerny, Chancelier de France sous les Rois Henry III. & IV.
5. Arsure.	5. la Rousse, de laquelle Monsieur de Sully parle en ses Memoires.
6. Argie.	6. Leonora Galigaï, depuis femme de Conchini Mareschal d'Encre.
7. Armise.	7. Charlote de Montmorency, femme de Charles de Valois, Comte d'Auuergne, & depuis Duc d'Angoulesme.
8. Arnede.	8. Henry de Bourbon, Euesque de Metz, fils naturel du Roy de France Henry IV. & de Henriette de Balsac d'Entragues, Marquise de Vernüeil.

C

1. Cleandre.	1. Henry de Lorraine, Duc de Guise, tué aux Estats de Blois en l'an 1588.
2. Corisande.	2. Corisande d'Andoins, vefue de Philibert

	Comte de Grammont, tué à la Fere quelques années auparauant.
3. Crisante.	3. Gabrielle d'Estrée Marquise de Monceaux, & depuis Duchesse de Beaufort, morte en l'an 1599.
D	
1. Dalinde.	1. La Marquise de Cerisay ou Duchesse de Villars; elle s'appelloit Iuliette Hippolyte d'Estrée, & est nommée Mirtille ailleurs.
2. Damon.	2. Ie croy que c'est le Duc d'Espernon grand fauory de Henry III. Roy de France & de Pologne. Son nom estoit Iean Louis de Nogaret de la Valette, Duc d'Espernon.
3. Dioclée.	3.
4. Dorclas.	4.
5. Dorinde.	5. Catherine de Cleues, vefue de Henry de Lorraine, Duc de Guise, tué à Blois en 1588.
6. Duc des Allobroges.	6. Charles Emmanuël, Duc de Sauoye, mort en 1630.
7. Duc de Medoc.	7. Iean Louis de Nogaret Duc d'Espernon, appellé cy dessus, comme ie croy, Damon.
8. Duc de Micene.	8. Henry de Bourbon, Prince du Sang, dernier Duc de Montpensier, mort en 1608.
9. Duc de Moranie, premier Officier de la Couronne.	9. Henry Duc de Montmorency, Connestable de France sous les Rois Henry IV. & Louis XIII.
10. Duc de Ponti.	10.
11. Duc de Silesie.	11. Charles de Gonzague Duc de Neuers & depuis de Mantouë, mort en 1637.

12. Duc de Velitres.	12. Virginio de Gli Orsini, Duc de Bracciano.
13. Duchesse d'Achaïe.	13. Eleonor de Medicis, femme de Vincent premier Duc de Mantouë, & sœur de Marie Reine de France.
14. Duchesse des Armoriques.	14. Catherine de Parthenai, Dame de Soubise, fille vnique de Iean l'Archeuesque, Seigneur de Soubise, femme de René II. Vicomte & mere de Henry Duc de Rohan, mort en 1638.
15. Duchesse d'Athenes.	15. Madame la Duchesse de Mantouë, appellé cy deuant Duchesse d'Achaïe.
16. Duchesse d'Etrurie.	16. Chrestienne de Lorraine, femme de Ferdinand de Medicis grand Duc de Toscane, oncle paternel de Marie de Medicis Reine de France.
17. Duchesse de Silesie.	17. Catherine de Lorraine, fille de Charles de Lorraine, Duc de Mayenne, Chef de la Ligue, & femme de Charles Duc de Neuers & de Mantouë.
E	
1. Eliane.	1.
2. Elise.	2. Senlis, ville du Gouuernement de l'Isle de France.
3. Eteocle.	3. Charles de Gontaut de Biron, Marefchal, Duc & Pair de France, qui fut decapité dans la Bastille à Paris en 1602.
F	
1. Filizel.	1. Claude de Lorraine, appellé premierement Prince de Ioinuille, & depuis Duc de Cheureuse, qui est encore viuant, & a espousé Marie de Rohan, Duchesse de Cheureuse, fille de Hercules de Rohan, Duc de Montbason, & Pair de France.

2. Florian.	2. Roger Duc de Bellegarde, grand Escuyer de France.
3. Floridor frere de Milagarde.	3. Charles de Lorraine, Duc de Guise, fils aisné de Henry tué à Blois en 1588. Il est mort en Italie à Cona dans le Sienois, âgé de 70. ans, le trentiesme Septembre de l'an 1640.
4. Florise.	4. Charlote Marguerite de Montmorency, femme de feu Henry de Bourbon Prince de Condé, decedé en l'an 1640. & elle en 1650.

G

1. Grassinde.	1. Catherine de Bourbon, Princesse de Nauarre, sœur de Henry IV. Roy de France & de Nauarre, & femme de Henry de Lorraine Duc de Bar, decedée en la ville de Nancy l'an 1604.

I

1. Ismene.	1. Henriette de Balsac d'Entragues, Marquise de Vernuëil, sœur vterine de Charles de Valois Comte d'Auuergne, & depuis Duc d'Angoulesme, fils naturel de Charles IX. Roy de France, decedé en 1651.

L

1. Larisse ville.	1. Ie croy que c'est Mante.
2. La veufue du Duc de Micene.	2. Henriette Catherine de Ioyeuse, vefue de Henry de Bourbon, Duc de Montpensier, Prince du Sang, & depuis encore vefue de Charles de Lorraine Duc de Guise, mort en Italie en 1640.
3. La ville des Massiliens.	3. Marseille ville maritime, & fort renommée, de la Prouence.
4. Leonide.	4. Louise de Budos, seconde femme de Henry Duc de Montmorency, Connestable de France sous les Rois Henry IV. & Louis XIII. decedée en l'an
5. Leriane.	5.

6. Le Roy

6. Le Roy des Asturies.	6. Philippes III. Roy d'Espagne.
7. Licidan Capitaine des Gardes d'Alcandre.	7.
8. Licine.	8. Marguerite de Montmorency, femme d'Anne de Leuis Duc de Ventaour.
9. Lindamart.	9. Henry d'Orleans, Duc de Longueuille, tué en vne salve d'honneur à son entrée à Dourlans en l'an 1595. Il auoit espousé Catherine de Gonzague, fille du Duc de Neuers.
10. Lucile.	10. Nicolas d'Angennes Marquis de Rambouillet.
11. Lutecie.	11. Paris, ville Capitale de la France.
12. Lydie.	12. Isabelle de Babou Marquise de Sourdis, qui fut depuis Maistresse du Chancelier de Chiuerni.
M	
1. Melisse.	1. Marguerite de France, sœur des trois derniers Rois de France, de la branche des Valois, & femme repudiée de Henry IV. Roy de France & de Nauarre, appellée vulgairement la Reine Marguerite, morte en 1615.
2. Milagarde.	2. Louise Marguerite de Lorraine, fille de Henry de Lorraine Duc Guise tué à Blois, & de Catherine de Cleues sa femme, mariée à François de Bourbon Prince du Sang & de Conti, mort en 1614.
3. Mirtille sœur de Crisante.	3. Iuliette Hippolyte d'Estrée Marquise de Cerisay ou Duchesse de Villars.
4. Mont de Mars.	4. Montmartre.
N.	
1. Neustrie.	1. Normandie.
2. Napoleon.	2. Gilles de Conflans, Seigneur d'Armentieres, fils du Comte d'Auchi.

O	
1. Olympe.	1. Marie de Medicis, fille de François de Medicis, Grand Duc de Toscane, & de Ieanne Archiduchesse d'Austriche, & femme de Henry IV. Roy de France & de Nauarre.
P	
1. Palamede.	1. Charles de Bourbon, Comte de Soissons, Prince du Sang, mort en 1612. & pere de Louis de Bourbon, dernier Comte de Soissons, tué à la bataille de Sedan en mil six cent quarante-vn.
2. Pedipe.	2. Dieppe, ville de Normandie.
3. Periandre.	3. Henry III. Roy de France & de Pologne.
4. Philemon.	4.
5. Pisandre.	5. Conchino Conchini Marquis d'Ancre, depuis Mareschal de France, tué à Paris en 1617.
6. Polidor.	6.
7. Polinisse.	7. Catherine de Lorraine, fille de François de Lorraine, Duc de Guise, & d'Anne d'Est sa femme, mariée à Louis de Bourbon, Prince du Sang, Duc de Montpensier, mort en 1682. & elle en 1596.
8. Prestresse du Mont de Mars.	8. Marie de Beauuilliers, fille du Comte de Sainct Aignan, Abbesse de Montmartre.
9. Prince de la Suziane, Chef de ce party.	9. Henry de Lorraine, Duc de Guise, Chef de la Ligue, tué à Blois en 1588. & appellé plus bas Cleandre.
10. Prince de la Suziane.	10. Charles Duc de Guise, fils du precedent, Gouuerneur de Prouence sous les Rois Henry IV. & Louis XIII.
11. Prince de Suziane.	11. Henry de Lorraine Duc de Bar, & depuis de Lorraine, marié à Catherine de Bourbon, Princesse de Nauarre, sœur de Henry quatriesme Roy de France & de Nauarre.

12. Princesse d'Eturie.	12. Marie de Medicis Princesse de Florence.
13. Princesse de la Suziane ; c'est la mesme que Dorinde.	13. Madame la Duchesse Doüairiere de Guise.
14. Princesses des Armoriques.	14. Voy les Annotations sur la fin de la page 45.
15. Prouince des Romains.	15. La Prouence, Prouince du Royaume de France.
R	
1. Riole.	1. Loire, riuiere de France grande & celebre.
2. Roy des Asturies.	2. Philippes III. Roy d'Espagne, pere d'Anne d'Austriche, Reine de France, vefue de Louis XIII. & mere de Louis XIV. Rois de France.
S	
1. Scilinde.	1. Antoinette de Pons, Marquise de Guercheuille, femme en premieres nopces de Henry de Silly, Comte de la Roche Guion, & en secondes nopces de Charles du Plessis, Seigneur de Liencour, premier Escuyer, & Gouuerneur de Paris.
2. Serquas.	2. Arques, ville de Normandie.
3. Sertorius.	3. Charles de Lorraine Duc de Mayenne, Chef de la Ligue.
4. Sceuole.	4.
T	
1. Tiane.	Compiegne.
V	
1. Vigenne.	1. Guyenne, Prouince du Royaume de France.

2. Vefue du Duc de Micene.	2. Henriette Catherine de Ioyeuſe, vefue du dernier Duc de Montpenſier, & depuis du Duc de Guiſe, mort en Italie en 1640.
3 Ville des Carnutes.	3. Chartres.
4. Ville des Maſſiliens.	4. Marſeille.

FIN.